中国特色社会主义
法治体系理论研究

ZHONGGUOTESESHEHUIZHUYI
FAZHITIXILILUNYANJIU

石荣广◎著

中国经济出版社
CHINA ECONOMIC PUBLISHING HOUSE
·北 京·

图书在版编目（CIP）数据

中国特色社会主义法治体系理论研究 / 石荣广著
. --北京：中国经济出版社，2021.11（2024.6 重印）
ISBN 978-7-5136-6760-9

Ⅰ. ①中… Ⅱ. ①石… Ⅲ. ①社会主义法制-研究-中国 Ⅳ. ①D920.0

中国版本图书馆 CIP 数据核字（2021）第 245040 号

责任编辑　姜　静　陈　瑞
责任印制　马小宾
封面设计　任燕飞

出版发行　中国经济出版社
印 刷 者　三河市金兆印刷装订有限公司
经 销 者　各地新华书店
开　　本　880mm×1230mm　1/32
印　　张　4.75
字　　数　75 千字
版　　次　2021 年 11 月第 1 版
印　　次　2024 年 6 月第 2 次
定　　价　69.80 元
广告经营许可证　京西工商广字第 8179 号

中国经济出版社 **网址** http://epc.sinopec.com/epc/ **社址** 北京市东城区安定门外大街 58 号
邮编 100011
本版图书如存在印装质量问题，请与本社销售中心联系调换（联系电话：010-57512564）

序言

一个国家的法治发展，与其历史传统、现实实践密切相关，法治道路有着鲜明的继承性、民族性、本土性、时代性特征。中国特色社会主义法治体系既是中华民族几千年传统文化的延续，也是近代中国治理经验的总结，其产生、发展与形成的过程不是简单的构建，而是综合因素作用下的逐步积淀。

特别是党的十八大以后，国家发展呈现一系列新的特征，发展理念出现新变化，世界格局和内部形势也发生巨大变化，对市场活动和法律规则提出了新的要求。我们应正确面对这些变化，以发展的眼光看待发展中的问题，不断探索适合中国未来发展的新道路。这条道路就是中国特色社会主义法治道路。

“全面推进依法治国，必须走对路”，“我国法治建设的成就，大大小小可以列举出十几条、几十条，但归结起来就是开辟了中国特色社会主义法治道路这一条”。深入学习贯彻习近平法治思想，必须牢牢抓住坚持中国特色社会主义法治道路这一核心要义，全面理解中国特色社会主义法治道路的内在逻辑，充分发挥中国特色社会主义法治道路优势，进一步夯实中国之治的制度根基，确保全面建设社会主义现代化国家行稳致远。

2021 年第 5 期《求是》杂志发表习近平总书记重要文章《坚定不移走中国特色社会主义法治道路，为全面建设社会主义现代化国家提供有力法治保障》。文章指出，“我们要坚持的中国特色社会主义法治道路，本质上是中国特色社会主义道路在法治领域的具体体现。”“实践证明，我国政治制度和法治体系是适合我国国情和实际的制度，具有显著优越性。在这个问题上，我们要有自信、有底气、有定力。”中国特色社会主义法治道路是符合中国国情的道路，是中国共产党人长期实践的结果，是体现中国特色的民主道路，本书作者在选择研究方向时，曾向我提出几个问题，其中包括研究的必要性。我认为，这项研究不仅非常必要，而且是未来一段时间法学工作者的研究重点。本书涉及的内容是该方向最为基本和根本的理论。

党的十九届四中全会对坚持和完善中国特色社会主义制度、推进国家治理体系和治理能力现代化作出全面部署。在当今社会，法律是国家治理的制度性安排，法治建设是国家治理能力的完善与发展，是国家治理体系现代化的必由之路。法治体系的构建要充分体现中国特色，其中的重中之重就是坚持党的领导，只有在党的领导下，中国特色社会主义法治道路才能更好地发挥应有的作用。

十九届四中全会对中国特色社会主义法治体系做出全面部署，我们相信，在党的领导下，在国家行政、立法、执法、司法系统的共同努力下，中国特色社会义法治体系会很快形成完备的法律规范体系、高效的法治实施体系、严密的法治监督体系、有力的法治保障体系和完善的党内法规体系，各方面制度更加成熟、更加定型，为党和国家事业发展提供长期性的制度保障。

徐立

中南财经政法大学教授

目录

第一章　中国特色社会主义法治体系概述

中国古代法律制度最明显的特征是礼法并行，礼法的共同作用在于维护秩序，规范生活。它是我国独创的、以儒家思想为基础、审判制度为核心、礼法一体为其外在表现形式的法治体系，特征十分鲜明。关于法的思考，从奴隶社会起就一直存在，特别是在漫长的封建社会，礼法共治几乎贯穿其整个历史时期，其中又包含着强烈的人治思想，法在很大程度上是统治阶层维持统治的重要工具。“五四运动”以后，中国开始了追求民主和真理的解放运动，法治思想也随之进入人们的生活中，经过百年的努力，我们国家已经形成了“法治是治国理政的基本方略”的共识。

党的十一届三中全会以来，国家法治建设日新月异。党的十五大报告正式提出：“进一步扩大社会主义民主，健全社会主义法制，依法治国，建设社会主义法治国家[①]。”随后，经第九届全国人民代表大会审议，依法治国正式纳入宪法之中。中国特色社会主义法治建设又扎实地向前迈进了一大步。近年来，党和国家一直加紧推进法治建设，2011 年，时任全国人民代表大会常务委员会委员长吴邦国同志向第十一届全国人民代表大会第四次会议作全国人大常委会工作报告时庄严宣布，一个立足中国国情和实际、适应改革开放和社会主义现代化建设需要、集中体现党和人民意志的，以宪法为统帅，以宪法相关法、民商法、行政法、经济法等法律部门的法律为主干，由法律、行政法规、地方性法规与自治条例、单行条例等三个层次的法律规范构成的中国特色社会主义法律体系已经形成。这意味着，我国在经济、政治、文化、社会和生态文明等领域实现了有法可依，依法治国进入了全新阶段。在完善国家法律法规的同时，党内法治建设也不断稳步推进，2013 年，中共中央发布《中国共产党党内法规制定

① 江泽民．高举邓小平理论伟大旗帜，把建设有中国特色社会主义事业全面推向二十一世纪［A］//十五大以来重要文献选编（上）［M］．北京：人民出版社，1997.

条例》，这一条例的出台，显示了党中央坚持全面从严治党、依规治党的决心，党内立法进入了规范化、制度化阶段。

党的十八大以来，以习近平同志为核心的党中央坚持全面从严治党、依规治党，大力加强党内法规制度建设，取得重大进展和显著成效。党内法规制定步伐明显加快，先后制定和修订了180多部党内法规，出台了一批标志性、关键性、基础性法规制度，党内法规制度体系基本确立，总体上实现了有规可依。

现阶段，我国经济发展进入新的发展时期，国内国际环境发生重大变化，经济、政治、社会都面临着新的问题，改革开放进入攻坚克难期，发展和现实要求国家在法治建设上取得新进展，以更好地适应新形势。党的十八届四中全会顺应时代需求，明确提出了“建设中国特色社会主义法治体系，建设社会主义法治国家”作为全面推进依法治国的总目标，标志着我国法治建设迈向新的台阶。法治建设需要我们对法治体系进行深入剖析和探讨，为法治体系的理论建设提供些许助力。

一、法治体系的概念

关于法治体系的概念，国内学者从不同角度进行了广泛解读，其中徐显明教授是最早的倡导者，他认为，这个法治里面包括政府建设、依法行政、全民守法、加强全社会的法律意识、形成社会主义法治理念、全社会共同信仰法律、加强法律监督，等等。这些内容统合起来，用一个概念，叫法治体系①。从张文显教授的观点可以看出，法治体系内涵丰富，覆盖面广，各个组成部分之间关联性强，具有很强的结构性，运行更加合理顺畅，可以充分实现法治核心价值。武汉大学法学院廖奕教授认为，法治体系与法制体系、法律体系，在概念上各有侧重，不能相互涵摄或替代；法治体系的话语效力更强，不仅可以将现阶段法律规范体系建设纳入其中，而且可以容纳国家法律规范之外的党内法规和社会规范，体现现代国家治理多元一

① 莫纪宏．论中国特色社会主义法律体系、法治体系与制度体系的有机统一［J］．法学杂志，2020（5）：17-18.

体的格局①。付子堂教授认为："法治体系是指一个国家从立法、执法、司法、守法、普法、督法到法治保障的全部法治运行体制和机制。"② 由此可见，法治体系是一个综合体，既具有静态特征，又兼顾动态过程，不仅具备完善的法律规范，而且具有可实施和可监督的内容，整个过程具有不同的主体，框架清晰，各要素之间关联紧密，相互配合。

通过对以上概念的分析，不难发现法治体系包括法律体系，法律体系是法治体系的组成部分，也是构建法治体系的基础和前提条件，是其逻辑起点；整体法治体系以法律体系为基础支撑，可以说是其最重要的基本要素；没有法律体系的法治体系建设，则如无本之木、无源之水。依法治国与法治在内涵上也不相同，法治涉及面更广，意义更加深远。

① 廖奕．中国特色社会主义法治体系的话语生成与思想内涵［J］．苏州大学学报（哲学社会科学版），2021，42（2）：39.

② 付子堂．建设中国特色社会主义法治体系是推进全面依法治国的总抓手［N］．法治日报，2021-01-13.

二、中国特色社会主义法治体系的概念

“中国特色社会主义法治体系，是习近平总书记汇聚全党智慧而凝练出来的一个统领法治建设全局的概念。把建设中国特色社会主义法治体系作为全面依法治国的总目标、总抓手，具有重大的理论创新、制度创新和实践创新意义[①]”。该体系也是基于中国现阶段的国情，针对改革发展和推进国家治理现代化提出的具体举措，是党、国家和人民意志的集中体现，包括了基本法律要素、完善的框架、具体的功能、实施的过程和相互之间的内在关系。如上文所言，中国特色社会主义法治体系不仅仅具有静态特征，更是一个动态体系，各部分各司其职，不可分割，具体运行过程中互不可缺。想要全面理解中国特色社会主义法治体系的概念，需要把握好以下几个方面。

第一，中国特色社会主义法治体系的根基是法。这里的法是指能够体现中国特色社会主义本质要求的、适应国

---

① 付子堂．建设中国特色社会主义法治体系是推进全面依法治国的总抓手［N］．法治日报，2021-01-13.

家发展需要的、由国家社会制度所决定的法律体系，它以宪法为核心，以法律为骨干，以行政法规、地方性法规为重要组成部分。按照法律部门组成可分为宪法相关法、民商法、经济法、行政法、刑法等。

第二，中国特色社会主义法治体系是动态的体系。法治体系的运行是科学立法、严格执法、公正司法、全民守法的动态操作过程。

第三，立足于我国的基本国情。一个国家的法治总是与这个国家的国情和社会制度相适应，国情是法治生成与发展的客观本土条件。从我国基本国情出发，是中国社会主义法治首要的本质特色。中国特色社会主义法治根植于中华民族深厚的法治文化沃土，奠基于新中国成立后党领导人民对社会主义法治建设的探索，产生于改革开放 40 多年来不断对依法治国方略的贯彻与执行，是符合中国国情与社会进步要求的法治理论与实践的形态。我国的基本国情成为我国法治区别于他国法治的核心基准，是国家法治建设最为重要的根本遵循。全面推进依法治国，必须牢牢把握我国社会主义建设的基本国情，要在中国特色社会主义理论、道路、制度框架下厉行发展。此外，中国特色社会主义法治建设是一项长期的系统工程，不可能一蹴而就。由于我国社会主义初级阶段的基本国情，法治现状与法治需求还存在一段距离，全面推进依法治国的战略部署仍需不断与全面深化改革要求相适应，中国特色社会主义法治要依据本国法治现状以及法治发展水平，着力解决突出问题。切勿以发达国家法治发展程度作为评判标准，从而否定我国法治建设所取得的重大成就，丧失对中国特色社会主义法治的信心。坚持从社会主义初级阶段的实际出发，立足于基本国情，是我国社会主义法治建设的根本基点，它决定了我国法治的发展道路既不能走封建僵化的老路，也不能走改旗易帜的邪路，而必须走中国特色社会主义法治之路。

第四，中国特色社会主义法治体系是党的领导、人民当家作主与依法治国的有机统一。坚持党的领导、人民当家作主与依法治国的有机统一，是中国社会主义民主政治的根本特点与重要优势，也是我国法治建设的实践基础与基本立场。以领导力量、人民民主来衬托依法治国，突出强调法治的政治根基，夯实法治的建设基础，是国家现代化治理的内在要求和根本方向。法治是党领导人民治国理政的基本方式，党的领导是中国法治创建、实施、运行的根本保证。中国法治事业在应对国内外复杂环境与社会深化转型变革时，需要中国共产党这样的领导核心发挥总揽全局、协调各方的作用以全面、加快推动依法治国的实施与发展。可见，在国家治理保障上，党的领导与依法治国具有高度的一致性。同样，人民作为依法治国的主体，人民民主原则是全面推进依法治国的核心，我国社会主义法治是广大人民实现民主及权益的基本方式，严格依法办事，摒除法外特权，是保障人民民主的最佳实现方式。三者的统一，是中国特色社会主义法治建设必须遵循的基本方针，反映了我国的社会主义法治不仅是法律治理问题，更是关乎整个社会主义现代化建设发展的大局。与党的领导、人民民主一体建设共同推进，是中国特色社会主义法治不断取得进步的根本路径。

第五，中国特色社会主义法治体系是依法治国与以德治国的统一。法律与道德，自古以来就是我国治国理政不可或缺的重要手段与调整方式。法治与德治的结合，共同发挥协同作用，能够切实、有效地规范社会行为、保障国家的平稳运行。依法治国与以德治国相统一，是当今时代精神与我国优秀传统法治文化融合的集中体现，是新时期社会主义法治丰富与发展的必然要求，是现代化法治治理的重要经验与鲜明特色。强制性实施、权威式导向是法治规范社会成员行为的主要特征，而德治则以其说服力和劝导力来提高、强化社会成员的思想认知和道德觉悟为致力方向。两者方式、领域不同，手段、机制各异，在社会治理体系中发挥的功能与作用也各有侧重，不可替代，但由于其在社会主义条件下共同致力于社会主义现代化建设这一根本目标与共同使命，使二者的一致性大于差异性，二者的协同互补关系成为依法治国与以德治国结合的最大特征。这种协同互补关系表现为：以法治维护、传播道德理念，强化法治对基本文明价值原则的保障作用；以道德滋养法治精神、构筑法治体系，强化与提升道德对法治的引领和建设作用，实现两者的相辅相成，互相促进，最终达成法律与道德、法治与德治在中国特色社会主义建设道路上的共张并举。“徒善不足以为政，徒法不能以自行[①]”。依法治国与以德治国缺一不可，不可偏废。在现代社会治

① 孟子．孟子（卷七．离娄上）［M］．南昌：江西人民出版社，2017.

理过程中，需将二者紧密结合，才能把理想和信念、利益与需求落到实处，若只倾向其中任意一面，都无法取得良好的预期效果。

三、中国特色社会主义法治体系的主要任务

中国特色社会主义法治体系是一个系统性工程，是众多要素的集合。党的十八届四中全会研究全面推进依法治国若干重大问题时，明确了中国特色社会主义法治体系建设的主要任务为："形成完备的法律规范体系、高效的法治实施体系、严密的法治监督体系、有力的法治保障体系、完善的党内法规体系。"①

（一）完备的法律规范体系

法律规范，是指“国家制定或认可，反映统治阶级意志，并由国家强制力保证实现的一种社会规范。它是构成

① 《中共中央关于全面推进依法治国重大问题的决定》，2014 年 10 月 23 日中国共产党第十八届中央委员会第四次全体会议通过。

法律体系的最基本细胞[①]”。从定义可以看出，法律规范具有社会性，从属于社会规范，是社会规范的组成部分，同其他社会规范一样，主要作用是调整人们的社会关系。与公序良俗、生活习惯和宗法条例不同，法律规范首先具有成文性，一般以特定的形式存在，且由国家强制力来保证其实施。其次具有普遍适用性，针对所有的人或事。

法律规范体系不是一成不变的，它随着社会的进步和发展而不断变化，目的是适应时代发展的需要。近年来，我国不断完善以宪法为核心的中国特色社会主义法律体系，特别是进入 21 世纪以来，立法节奏不断加快，立法效率不断提高，通过新立、修改、废止、解释，加快完善法律法规和其他地方性社会规范，使各项法律更具针对性、可操作性和科学性。注重高质量立法，立法更加科学，在尊重民主、遵守法律的前提下，注重社会发展要求，特别是重点领域的需要，有力保障国家在发展过程中，在重大事项改革方面有法可依。

---

① 刘美林. 市场经济法律概论（第二版）[M]. 北京：科学技术文献出版社，2009.

形成完备的法律规范体系，“完善立法体制是重点[①]”。人大在立法过程中要起到主导作用。不仅要主导立法决策、项目征集、立法进度等，还要广泛征求意见，对立法内容进行科学评估。立法权限要明确，把握好立法原则，全国性法律和地方法律都要防止部门或小范围群体利益法律化。加强释法工作，在法律运用过程中，不断研究法律特点和存在的不足，通过法律解释的方式，使其更具有针对性和可操作性。形成完备的法律规范体系，科学立法、民主立法是途径。充分发挥人大对立法工作的组织协调作用，充分听取各方面的意见建议，鼓励公民有序参与立法，完善法案表达程序，促进立法工作更加公开透明。

（二）高效的法治实施体系

“法律的生命力在于实施，法律的权威也在于实施。”只有保证了法律的有效实施，才能更充分发挥法律维持社会稳定、调整各方面关系的作用。如果法律得不到实施，或者实施不到位、不充分，不但会极大地损害法律的权

---

① 李适时．形成完备的法律规范体系［J］．求是，2015（2）．

威，更危险的是，其将失去全部或部分社会约束力，无法保证社会有序运行。

“我国大约80%的法律、90%的地方性法规和几乎所有的行政法规都是由行政机关执行的。”[①] 行政机关作为法律执行的主体，需要带头遵守法律，认真执行法律，被执行对象的利益能否得到有效保障，关键在于执法主体，法律执行不好，直接影响党和国家的公信力。“深入推进依法行政，加快建设法治政府”是推进国家和社会治理现代化的重要举措。形成高效的法治实施体系还离不开司法机关的公开司法和社会全体公民的严格守法，司法是法律实施极为重要的方式，司法公正要求所有司法人员要厘清法定职责，严格履行法定程序，使当事人的合法权益得到充分保障。全民守法与行政执法、公正司法相呼应，是法律实施的重要途径，守法的前提是知法，这就体现了普法的重要性，因此，要不断加强法治教育，使法的精神深入人心，使法的内容成为常识，努力提升民众相信法律、尊重法律的意识。

---

① 叶立周．法律的生命力在于实施［N］．河北日报，2014-12-17.

法治建设的精神内核之一就是法律的实施，其中包含立法、执法、普法、守法等内容，法律实施效果是检验能否实现立法目的最直接的方式。因此，法治实施体系在中国特色社会主义法治体系中的分量是不言而喻的。如果法律无法被正确有效实施，直接后果是无法实现法律要求，宏观上来说，就是无法达到法治中国的最终目标。

（三）严密的法治监督体系

法治监督，是指对法律实际运行过程的监察，主要目的是保障法律实施效果。法治监督大体上可以分为两种类型：一种为国家机关内部监督；另一种是与内部监督相对应的外部监督。内部监督可以细化为权力机关对其他机关的监督，如对行政机关的监督、对司法机关的监督、对其他执法机关的监督等，还包括司法机关对行政机关、行政机关对行政机关、行政机关上下级之间的监督。外部监督一般指的是社会监督，主要包括新闻媒体对国家机关的监督、人民群众对国家机关的监督、企业对国家机关的监督等。为了更好地保障权力运行的透明、公开、合法，《中共中央关于坚持和完善中国特色社会主义制度、推进国家治理体系和治理能力现代化若干重大问题的决定》提出，建立由党内监督、人大监督、民主监督、行政监督、司法监督、审计监督、社会监督、舆论监督等构成的更加严密的监督体系。只有监督体系完善了，法治体系建设才更加完善，才能为推进依法治国提供坚实的制度保障。

在监督实施过程中，诉讼监督是保障公民权益的最直接的方式之一。“积极推动完善保障检察机关行使法律监督权的法律规范和制度机制，全面履行诉讼法律监督职责，努力让人民群众在每一个司法案件中感受到公平正义。”① 刑事诉讼案件中，司法机关会对嫌疑人采取限制人身自由的措施，公安机关也会采用必要的侦查手段，这一过程需要加强监督，以更好地保障人权，可采取羁押必要性审查，认真排除非法证据，坚持疑罪从无。民事诉讼案件中，鼓励庭前调解，突出防范和加强监督调解过程的合法性，确保双方当事人在无外部干涉、公平公正的条件下实现和解。行政诉讼案件中，重点解决诉讼难的问题，做好对司法人员接受请托、实施行政干扰等情况的监督。

---

① 徐安．促进形成严密的法治监督体系［N］．检察日报，2014-11-03.

行政执法监督是法治监督的难点，应探索建立完善对行政执法行为的法律监督机制。人民群众最为关注的行政执法行为，一般涉及人身和财产权益，这类执法一定要依法依规进行。积极推进开展公益诉讼，进一步维护社会公共利益。法律监督一直是老大难问题，既有表象因素，也有内部深层次原因，破解难题的出路在于完善执法司法体制，深化司法体制改革。健全执法办案信息公示制度，把法律监督置于阳光之下，让人民群众更加信任和支持司法工作。

（四）有力的法治保障体系

“法治保障体系是全面依法治国的重要依托。”[①] 付子堂教授把法治保障体系视为法治体系的地基，其可以保证法治工作流程更加顺畅，也为法治总目标的实现提供重要支撑。法的重要功能之一为规范作用，规范的内容包括社会行为和社会规范，法治保障体系可以更好地保证这一作用的发挥，激发社会活力，引导中国特色社会主义法治体

① 付子堂．形成有力的法治保障体系［J］．求是，2015（8）：51-53.

系建设始终不偏航。法治工作由立法、执法、司法、公民守法等环节构成，各个环节不是孤立存在的，它们之间相辅相成，互为支撑，共同作为法治工作的基本面，而法治保障体系的作用就是推进各环节工作有序开展。

法治保障体系的构建，最根本的是坚持党的领导，“党政军民学、东西南北中，党是领导一切的”，党的领导为其提供坚强的政治保障。在制度保障方面，中国特色社会主义制度是中国特色社会主义法治保障体系的有力后盾，人民代表大会制度是法治保障体系的根本遵循，历史和实践证明，西方的社会制度是不适合我国国情的。法治保障体系的构建离不开人才，人才是治国安邦的先决条件，只有打造一支忠于党、忠于国家、忠于人民、忠于法律的社会主义法治工作队伍，才能为加快建设法治保障体系提供组织和人才保障。职业保障是维护法律职业人才队伍稳定的“压舱石”，维护法律职业的神圣性，为司法从业人员提供合理的财政收入，以法定的形式保证从业人员在从业过程中不受外部因素干扰，充分保障律师执业权利。中国自古就是德法并重的国家，特别是新中国成立后，中国特色社会主义法治文化的积淀，使我们拥有独具特色的法治传统和现行法律文化精神，外部表现为公民尊尚传统、遵守法律、弘扬法治精神，加上借鉴外来先进法治思想，取其精华，法治保障体系构建的文化需求已基本满足。

构建法治保障体系的路径，首先要符合现阶段中国的国情，不能盲目照搬照抄。我国的宪法是中国共产党基本政策的方针、政策的法律化，构建法治保障体系的核心是贯彻党的领导，把党的主张通过法定程序变为国家意志。其次要顺应法治发展规律，从立法、执法、司法等角度统筹考虑，认真研究各个领域之间的关系，不断增强其互补性。法治政府建设要因地制宜，尊重各地的实际情况，注重保障人权，促使政府与群众之间的关系更加和谐。在法治人才培养方面，健全培训机制，创新培养方法，使法学教育更加专业化，改革现有法学教育模式，增强法律人才的法学实操能力，理论和实践齐头并进。探索扩大法律职业资格证书从业范围，重点支持一批国家特色法学院校。最后要大力营造法治文化发展环境，增强法治公信力，传播法治正能量，抢占中国特色社会主义法治文化话语权，让“法律面前人人平等”的理念深入人心，使社会各个阶层、各个岗位、各个民族都深信法律的公平性，逐渐形成自觉信法、守法、用法的社会氛围。总之，法治保障体系有着与其职能相匹配的特征、内涵和构建方式，有力的法治保障体系是构建中国特色社会主义法治体系不可或缺的重要环节。

（五）完善的党内法规体系

党内法规是“党的中央组织以及中央纪律检查委员会、中央各部门和省、自治区、直辖市党委制定的规范党组织的工作、活动和党员行为的党内规章制度的总称”①。我们党自成立之日起，就注重党的规范性建设，2021年，我们喜迎建党一百周年，党内法规体系将得到极大完善。

党内法规不同于其他政党制度，具有极其鲜明的特征：一是制定主体特定。除党的中央组织、中央纪委和中央各部门、省级党委3类主体有权制定党内法规，其他党的组织无权制定。二是名称特定。党内法规有专属的名称，日

① 《中国共产党党内法规制定条例》，2013年5月27日对外公开发布。

常行文中的决定、意见等一般不作为党内法规名称。三是规范事项特定。这些事项主要针对党内事务及党员管理。四是框架结构特定。大多数党内法规分为几大板块，如总则、分则、罚则和附则。五是表述方式特定。党内法规内容应当用条款形式表述，根据需要采用编、章、节、条、款、项、目 7 个逻辑层次。六是审议和发布方式特定。为凸显党内法规的权威性严肃性，它原则上要采用会议决定方式审议通过，不能采用传批方式；中央党内法规可以中共中央文件形式或中共中央办公厅文件形式发布，地方党内法规可以党委文件形式或者党委办公厅文件形式发布，但部委党内法规要以部委文件形式发布，不能以部委办公厅文件形式发布，这显然比规范性文件的审议和发布更加严格。

党内法规是我们党管党、治党的有力武器，更是依法执政的重要保障。党的十八大以来，以习近平同志为核心的党中央对新形势下党的建设进行探索，科学地提出了“全面从严治党”的理念，这一全新表述总结了几代中央领导集体的管党、治党经验，系统深刻地阐述了新时期从严治党的理论内涵，极大地丰富了马克思主义党建学说，其中最重要的表现是从严治党制度化①。在党的十八届中央纪委第二次全会上，习近平总书记指出“把权力关进制度的笼子里”，使权力在合理合法的界限内运行。经过不懈努力，中国共产党人在制度建设、选人用人、执纪监督、政治生活等方面已经形成了较为完善的法规体系。

四、中国特色社会主义法治体系的战略意义

党的十八届四中全会指出，全面推进依法治国，它的总目标是建设中国特色社会主义法治体系，建设社会主义法治国家。总目标的提出，经历了漫长的摸索，实践有力证明了它的正确性，随着国内社会主要矛盾的转变，总目标顺应时代需求，具有极其重要的战略意义。

（一）坚持和完善中国特色社会主义制度的必然要求

习近平总书记强调，“我们要建设的中国特色社会主义法治体系，本质上是中国特色社会主义制度的法律表现

---

① 石荣广．全面从严治党的理论逻辑与科学实践［J］．齐鲁周刊，2021（4）．

形式”。

1921 年 7 月，伟大的中国共产党诞生了，自那时起，马克思主义始终是我们最神圣的信仰。中国特色社会主义制度建立以后，马克思主义红色基因得到更好的传承和发展，其指导地位更加坚实稳固，中国特色社会主义制度也不断完善和发展，这主要得益于伟大的中国共产党人创造性发展和运用马克思主义理论成果，与时俱进，开拓进取，使中国特色社会主义制度的理论支撑越发完善，且不断获得各种制度性保障，包括努力构建的中国特色社会主义法治体系。

新中国成立 70 多年来，无论世界风云如何变幻，我们党带领全国各族人民始终坚持中国特色社会主义制度。在党的正确领导下，在完全适合中国国情的、独具优势和鲜明特征的社会主义制度保障下，经过改革开放的洗礼，我国经济发展日新月异，社会稳定，人民幸福。2021 年是“十四五”开局之年，全面建成小康社会取得历史性成果，中国共产党领导下的中国让世界为之瞩目。“凡将立国，制度不可不察也”，应建设系统的法治体系为中国特色社会主义制度保驾护航。党的十九届四中全会为建设中国特色社会主义法治体系描绘了蓝图，同时强调保持中国特色社会主义制度的决定和信心。

（二）全面推进依法治国的总抓手

党的十八大以来，在党和国家的重视下，法治建设取得重大进展。最直接的体现就是已经建成中国特色社会主义法律体系，中国特色社会主义法治体系也日趋完善，依法治国的制度性作用得到更好的发挥。

中国特色社会主义法治体系建设是社会主义的本质要求，历史和中外治理经验有力证明，一个国家的发展离不开法治，必须及时有效地将国家各项工作置于法的“笼子”，社会治理才更加规范、更加有序、更加和谐。中国特色社会主义法治体系作为中国特色社会主义制度的法律表现形式，是从法治角度解决国家在发展过程中面临的各种难题的。

（三）国家治理体系和治理能力现代化的具体举措

推进国家治理体系和治理能力现代化，就是要使各方面制度更加科学、更加完善，实现党、国家、社会各项事务治理制度化、规范化、程序化，善于运用制度和法律治理国家，提高党科学执政、民主执政、依法执政水平[①]。法治体系是国家治理体系的重要组成部分，新时代的中国需要一整套更加完善、更加成熟、更具特色的国家治理体系，以更好地实现中华民族的伟大复兴。这就要求我们加快中国特色社会主义法治体系建设，以法治建设提升社会治理能力水平，为国家治理体系建设提供合法依据。

法治体系的建设实际上是一种社会实践，是一种具体办法或工作方式，是国家治理体系和治理能力现代化的具体举措，要求围绕国家的基本政治制度，体现国家特色，坚持四项基本原则，保持社会主义的性质和方向，为中国深化改革创造更为和平的发展环境。

① 廉丹，黄鑫．推进国家治理体系和治理能力现代化［N］．经济日报，2018-03-22.

第二章　中国特色社会主义法治体系的理论基础

理论基础是以唯物史观为理论武器的马克思主义法学；李龙[①]教授认为中国特色社会主义法治体系指导思想是马克思主义法学中国化、时代化、大众化的里程碑式成果。主要理论来源于马克思主义理论，马克思主义法学和马克思主义法学中国化理论成果作为马克思主义的重要组成部分，直接指导着中国特色社会主义法治体系的建立和发展。

一、马列主义经典理论

（一）马克思主义法学

马克思主义法学是用马克思主义理论论述法的本质、

① 李龙教授是武汉大学资深教授，是著名马克思主义法学家、法学教育家、中国特色社会主义法治理论和新中国法理学的重要奠基人。

法律现象、法律产生、法律发展的基本规律的科学理论体系，本质属性为无产阶级法学学说，是无产阶级法学理论体系源泉之一。创始人为马克思和恩格斯，其产生和发展迎合了无产阶级的历史使命，同时也是人类历史长河中，社会发展到一定阶段的必然产物。它批判地继承了前人理论研究的积极内容，助力无产阶级打破旧法制、建立新法制，使无产阶级法学成为真正的人文社会科学。“马克思主义法学与一切剥削阶级法学具有原则的区别，认为法归根到底是由物质生活条件决定的，法由一定社会的经济基础所决定并反过来为经济基础服务。”[①]

从法的定义可以看出，法是为统治阶层服务的，最终目的是维护统治阶级的利益，为统治阶层和既得利益团体所制定。这注定了法是社会发展到一定阶段的必然产物，具有历史性。按照马克思主义学说，法的产生和消亡与阶级同行，只要阶级和国家存在，法就与之相随[②]。

马克思主义的哲学、政治经济学和科学社会主义是马

---

① 李龙．中国特色社会主义法治体系的理论基础、指导思想和基本构成［J］．中国法学，2015（5）：14-28.

② 邹瑜．法学大辞典［M］．北京：中国政法大学出版社，1991.

克思主义的三大组成部分，三个部分都蕴含着马克思主义法学思想。

1. 马克思主义法学的重要论述

（1）研究对象为经济与政治关系

无论是封建时代还是资本主义时期，法都与经济相关，其关联性表现在诸多方面，但并没有通过某种形式肯定经济与法的直接关系。马克思主义法学认为法是由统治阶层制定，源于经济利益，在调整社会关系的过程中，具有明显利益倾向，起决定性的是社会经济基础，它直接影响并支配着法的产生；反过来，法的制定再次为经济基础提供服务。“法的关系如同国家的形式一样，既不能从它们本身来理解，也不能从所谓人类精神的一般发展来理解，相反，它们根源于物质的生活关系。”① 从宏观上看，法所调整的社会关系，归根到底映射出政治与经济的关系，即经济基础与上层建筑的关系。

（2）肯定了法的阶级性

法具有阶级性，无论社会性质如何，任何一部法律都

① 中共中央马克思恩格斯列宁斯大林著作编译局．马克思恩格斯选集（第2卷）［M］．北京：人民出版社，2012.

具有阶段性，当社会不存在阶级时，法也自然消亡了。资本主义法学家往往把法宣扬为全民意志，否认法具有阶级性，仅强调法的服务功能和公平、公正的良性。马克思主义法学肯定了法的阶级性，否认了所谓的超阶级的说法，认为法的产生，注定了它的统治本源是服务少数利益阶层的，由国家制定并强制实施的行为规则。社会主义法同样具备阶级性，也是统治阶级意志的反映，社会主义的统治阶级是无产阶级，因此，社会主义法律是无产阶级领导下的广大人民的意志的体现，是为广大人民的利益服务的。马克思主义不仅肯定了法的阶级性，还认为应该批判地继承其精华。总之，马克思主义法学就是在总结生产斗争和阶级斗争实践的基础上，总结了人类历史上的法律文化遗产而创立和发展起来的。

（3）法由国家强制力保证实施

资本主义国家法学家标榜“法律至上”，宣扬法律是全民意志，抛却了法律的利益倾向，将国家与法的本质异化，否认法的阶级属性，以法律的名义掩盖少数精英统治的事实，模糊了统治者与被统治者的不平等地位，甚至通过法律将之合法化。主要体现在经济上所谓的“等价交换、政治上自由民主、司法上公平正义”，将法律置于政治生活的顶端。马克思主义法学从未回避过法的阶级性，而用理论分析法诠释法的本性，分析社会关系。“如果没有一个能够迫使人们遵守法权规范的机构，法权也就等于零[①]”。法的生命力在于实施，且由国家强制力保证实施，使之成为具有普遍约束力的社会规范，进而理顺法所调整的各种社会关系。

（4）法是历史的产物

“资本主义法治理念的建构具有承接传统、信奉自由、着眼世界市场和产权利益的总体背景特征。”[②] 所以，资本主义法学把法律视为永恒的，超历史的。马克思主义否定了资本主义法学的谬论，认为法是动态的，是历史进程中必然的产物，当人类发展超越原始大同社会，法的作用越发重要，从封建社会到资本主义社会，再到社会主义时期，生产技术革新，政权更迭，法也随之发生改变。资本主义法律肯定私有制，社会主义法律肯定公有制，不同的

① 中共中央马克思恩格斯列宁斯大林著作编译局．列宁选集1-4卷（第三版修订版）（第3卷）[M]．北京：人民出版社，2012.

② 廖奕．论资本主义法治理念[J]．科学社会主义，2009（3）：146-151.

社会时期，赋予法律的内涵也截然不同，不同历史阶段，法所调整的对象也不尽相同。

2. 马克思主义法学关于法治体系的基本观点

法治体系的内涵非常丰富，马克思和恩格斯关于法治体系的基本观点主要体现在法律的本质、法律与经济的关系、社会主义法治的历史必然等方面。

（1）关于法律的本质

首先，法的原始本质是国家性，国家性也可以称为官方性，即现在通用的法的定义里所描述的内容，“由国家制定或认可并由国家强制力保证实施”。国家性的外在表现形式有以下几点：一是法的制定。法是由国家立法（权力）机关按照法定程序，在自身权力范围内制定或认可的。制定的主体是立法机关，在一定的权限内，不能超出自身权力制定法律法规，如省级人大，不能制定全国范围内的法规。二是法的实现。法是通过国家强制力保证实施的。如果没有国家强制力作为后盾，法可能会变成一纸空文，失去它本身的效力。三是法的公布。法在制定后，一般通过正式的国家平台，以正式的表现形式予以公布。其次，法的本质反映为法的阶级性。法的制定目的是为统治阶级服务，虽然具备公平、公正的特性，但无法抹除其本身蕴含的统治阶级意志。最后，法的终极本质为法的社会性。法的制定、成文和实施的整个过程都是受当时社会因素影响或制约的，起决定作用的是社会的经济基础。

（2）关于法律与经济的关系

法律与经济总是孪生共存的，经济基础决定上层建筑，法律作为上层建筑的重要组成部分，很大程度上由经济基础决定，同时又反作用于经济基础。由经济基础决定的上层建筑，不仅是经济基础的反映，还是一个完整的体系，具有宏观指导性、积极协调性和极为强大的主观能动性。马克思和恩格斯曾思考经济因素之外的其他因素，但研究的重点仍然是经济基础对上层建筑的作用，特别是经济基础对政治理念、法治理念和社会观念的影响。说明马克思和恩格斯认同经济基础对上层建筑的决定作用，也不否认其他因素对上层建筑所产生的作用。

恩格斯说：“在现代国家中，法不仅必须适应于总的经济状况，不仅必须是它的表现，而且还必须是不因内在矛盾而自己推翻自己的内部和谐一致的表现。”法律体系作为社会规则，在运行过程中对经济关系的作用具有相对独立性，这种作用同时具备双刃性，不但具备积极有利的一面，也具备消极扼制的一面。法律与经济相互作用不是无度的，是在一定范围内的适度影响，特别是法律的反作用，归根到底脱离不了经济基础的内在需求。可见，法律的制定是尊重客观需要，并非随心所欲的。通过马克思和恩格斯对法律与经济关系的研究成果分析，得出完备的法治体系产生的规则能动性，能够保证和促进社会主义事业健康发展。

（3）关于社会主义法治的历史必然

社会主义法治的历史必然性是马克思主义法学的重要内容，是无产阶级当家作主后，对上层建筑重构的产物，是社会进步的表现，它迎合了无产阶级民众的政治性需求。资本主义法治是为资产阶级及其代言人服务的，具有浓郁的欺骗性，是虚伪的民主和假的公平正义。推翻资产阶级上层建筑是建设社会主义法治的必由之路，在资本主义社会的大背景下，无法通过“修补”的方式实现社会主义法治，必须通过革命的形式推翻压在人民身上的“大山”，实现政治上自由，通过建立社会主义法治，使阶级意志得以体现。

十月革命以后，历史用铁一般的事实证明，在共产主义理论的指导下，在全世界无产阶级的努力下，科学社会主义不仅行得通，而且走得远，特别是在中国这片黄土地上，共产党人不断完善社会主义法治，带领人民群众从站起来，到富起来，再到强起来，令世界为之瞩目。“科学合理”成为社会主义法治的代名词。

从资本主义社会过渡来的社会主义社会，以全新的体制、符合国情的模式摸索前行。中国是社会主义的典范，将现阶段定义为社会主义的初级阶段，在所有制和收入分配上，采取与初级阶段相适应的混合办法，肯定公有制和私有制并存，鼓励一部分人先富起来。通过宪法的方式，将国家权力赋予人民，强调维护社会主义法制的统一与尊严。纵观世界法治发展史，无论是西方社会还是东方国家，法治道路的选择，从根本上决定了这个国家和地区法治发展的前途和命运，这也是人民的抉择、历史的选择。

3. 马克思主义法学对中国法治进程的影响

马克思主义理论作为社会主义国家的指导思想，其法治思想在中国特色社会主义法治体系建设中同样起到指导作用。“中国共产党在百年奋斗历程中，将马克思主义法学的基本原理与中国革命、建设、改革实践相结合，成功地探索出一条符合中国国情、有利于中华民族伟大复兴的社会主义法治道路，取得了丰硕理论和实践成果。”①

（1）马克思主义法学中国化理论成果丰硕

新中国成立以来，我们党在马克思主义理论指引下，不断加强法治建设，法学理论界呈现百花齐放的大好局面，具有中国特色的社会主义法治理论体系从无到有，从简到全，完全符合社会主义国家政体结构、经济水平和历史传统。将马克思主义法学本土化，是中国法治道路上不可回避的重要问题，是中国法治实践的需要。“中国法治建设必须走中国特色社会主义法治道路。”马克思主义法学中国化理论成果坚持从中国国情和现实出发，是符合中国社会发展的，是优秀的中国人民独创的。

（2）回应法治建设重大现实问题

“运用马克思主义法学的基本原理和科学立场，积极对中国法治建设的实际问题进行研究，以辩证唯物主义

① 李龙，刘玄龙．马克思主义法学中国化的百年历史回顾与时代展望[J]．社会科学战线，2021（3）：25-37.

和历史唯物主义思考和分析法治建设中的各类法律现象和法律问题。”[①] 人民群众反映强烈的问题、改革开放进程中的社会问题、经济发展问题、国家治理的深层次问题、外交战略问题、推进政治建设的重点难点问题等，这些问题构成了法治中国建设过程中的热点。习近平总书记要求，既要立足当前，运用法治思维和法治方式解决经济社会发展面临的深层次问题；又要着眼长远，筑法治之基、行法治之力、积法治之势，促进各方面制度更加成熟更加定型，为党和国家事业发展提供长期性的制度保障[②]。

（3）社会主义法律体系逐渐形成

新中国成立初期，围绕《宪法》的制定，马克思主义法学理论学界展开了富有成效的研究。1954 年制定的《中华人民共和国宪法》规定了中国的政体、国体、国家机构等重大事项，为马克思主义法学的落地生根提供了根本性、制度化、法律化的保障，随后三年内，我国尝试起草《民

① 祝捷．马克思主义法学在改革开放中创新发展［N］．人民日报，2018-07-02．

② 江必新．以习近平法治思想为指导着力解决法治中国建设中的重大问题［J］．行政法研究，2020（6）：4-7．

法典》，即后来的《民法草案》（试行稿）。截至1957年，最高立法机关、国务院及各部委出台的法律法规高达700多件。中共十一届三中全会提出了“健全社会主义法制”和“有法可依、有法必依、执法必严、违法必究”的法制工作方针，立法和普法工作进入快车道，1979年7月1日，国家同日颁布包括刑法在内的7部法律。党的十五大报告提出“依法治国，建设社会主义法治国家”，党的十六大报告提出“依法执政”。2011年，中国特色社会主义法律体系形成。

新中国成立70多年来，是马克思主义在中国大地上生动实践的70多年，是马克思主义法学在中国渐成体系、不断深化、不断完善的70多年，马克思主义法学的基本内涵、科学立场、理论导向在中国得到坚持，不断丰富发展，将始终是中国特色社会主义法治道路的宝贵资源和精神支撑。

（二）列宁法律思想

列宁法律思想是马克思主义法学的重要组成部分，也是马克思主义法学深化的又一重大理论成果，继承和发展了马克思主义法学，与马克思主义法学一脉相承，其产生和发展的基础是俄国十月革命、建立苏维埃政权、社会主义法制建设等一系列历史事件，主要观点散见在列宁的著作、讲话和相关文件中。

1. 列宁法律思想产生的背景

列宁法律思想产生于俄国十月革命和建立苏维埃政权的特殊的历史背景下。大革命前期，沙俄腐朽政权的法律较为狭隘，国家实行专制统治，对于沙俄的法律体系只能采取批判的态度。俄国十月革命胜利以后，受教育程度限制，人们法律意识淡薄，法律文化整体落后，建立适合时代和新的社会制度需求的法律体系十分困难，要求必须打破沙俄法制约束，探索社会主义民主法制新路子，如同中国改革开放一样，需要摸着石头过河。因此，研究列宁法律思想，必须结合历史背景，必须与苏维埃政治、经济建设相结合，不能单纯地把列宁法律思想作为单一研究对象。“要把列宁的法律思想与他的哲学、经济学、科学社会主义学说，特别是与他的政治学说、国家学说结合起来。”① 只

① 龚廷泰．列宁法律思想的基本特征及其时代意义［J］．法制现代化研究（第七卷），2001：87-100.

有这样，才能从总体上把握列宁法律思想的真正内涵，才能更好地理解列宁在马克思主义法学理论方面所做的伟大贡献。

2. 列宁法律思想的特征

(1) 鲜明的时代性

俄国十月革命前夕，受国内国际环境的影响，俄国先后发动了二月革命和七月事变，国内政治派别林立，如代表资产阶级的立宪民主党、代表小资产阶级的苏维埃、代表社会主义的布尔什维克。七月事变后，代表小资产阶级的苏维埃倒向无产阶级。1917 年 11 月，列宁亲自起草了《和平法令》《土地法令》两部法律文件，这是列宁法律思想的两部代表性作品，为稳定新生政权奠定了坚实的法律基础。1917 年 12 月，《告工人、士兵和农民书》中宣告："将保证按时召开立宪会议。"[①] 充分展示了列宁在立宪方面的积极态度。1920 年底，在列宁的领导下，苏维埃国家开始集中立法，这一时期，先后制定了包括《刑法典》在内的一系列重要的部门法。

---

① 列宁．列宁全集（第三十三卷）[M]．中共中央马克思恩格斯列宁斯大林著作编译局，编译．北京：人民出版社，2014.

（2）强烈的革命性

列宁指出，法律“和任何政治的上层建筑一样（这种上层建筑在阶级消灭之前，在无阶级的社会建立之前，是必然要存在的），归根到底是为生产服务的，并且归根到底是由该社会的生产关系决定的[①]”。他运用马克思主义法学世界观批判机会主义思潮，呼吁废除资产阶级剥削性质的法律条令。苏维埃国家经济建设时期，为了调动社会生产积极性，列宁重视法律的作用，他认为，法律可以为公有财产提供保护，法律可以对贪腐行为进行打击，要利用好法律的强制、监督和教育功能。革命胜利初期，反动势力并未完全消亡，对新生政权虎视眈眈，时刻准备推翻社会主义制度，利用一切可以利用的机会破坏社会主义经济发展，列宁认为应该运用法律进行镇压。

（3）独特的创新性

列宁指出，“以为实行新经济政策会终止使用恐怖手段那是极大的错误。我们还会重新采取恐怖手段、采取经济

① 列宁．列宁全集（第2版，第40卷）［M］．中共中央马克思恩格斯列宁斯大林著作编译局，编译．北京：人民出版社，2017：276.

方面的恐怖手段的[①]”。在这里，他强调采取恐怖手段发展经济，主要是针对新经济政策而提出的。在新经济政策实施的同时，他要求国家有关部门重视法制建设，法制是经济发展的保证，可以利用法律有力打击经济犯罪，法制与经济齐头并进。在马克思主义法学体系中，列宁倡导的法律与经济同步进行的理念，是对马克思主义法学的又一创新。

列宁法律思想还具有其他一些先进性，他在法律运行机制方面，也采取了与众不同的做法。如，在法院执行法律时，他提出了著名的“恐吓+教育”公式，要求法院不仅要展示出法律的强制执行力，还要教导广大群众遵守法律。列宁重视执法队伍建设，努力防范官僚主义，他强调司法机关要严肃法纪，严格执法，推崇使用法律监督的手段。

总之，列宁法律思想是马克思列宁主义基本原理和俄国革命具体实际相结合的产物，是列宁对马克思主义法律文化的历史性贡献，对建设中国特色社会主义法治体系具有十分重要的指导意义。

---

① 列宁．列宁全集（第2版，第42卷）[M]．中共中央马克思恩格斯列宁斯大林著作编译局，编译．北京：人民出版社，2017：196.

二、马克思主义法学中国化理论成果

长期的革命和建设过程中，我国始终坚持以马克思主义为指导思想，指导思想与实践不断激荡结合，马克思主义中国化成果日渐丰富。这些成果作为中国社会主义理论体系的重要组成部分，是我们党集体智慧的结晶，包含着马克思主义法学中国化理论成果，分别是毛泽东法律思想和中国特色社会主义法律思想[①]，中国特色社会主义法律思想中又包含了邓小平法律思想、江泽民法律思想、胡锦涛法律思想以及习近平法治思想。

（一）毛泽东法律思想

毛泽东思想是马克思列宁主义基本原理和中国革命具体实际相结合的产物，是中国共产党人集体智慧的结晶，是马克思主义中国化第一次历史性飞跃的理论成果，是中国共产党和中国人民历尽艰辛获得的宝贵的精神财富，是

---

① 杨永龙．马克思主义法律思想中国化研究［D］．齐齐哈尔：齐齐哈尔大学，2015.

中国革命和建设的科学指南，是中华民族的精神支柱。毛泽东法律思想作为毛泽东思想的组成部分，同样是马克思主义中国化的理论成果，是在革命和建设过程中解决法律问题的经验总结，为我国法治建设打下了坚实基础。

1. 毛泽东法律思想产生的历史背景

20世纪前五十年，全世界特别是中国，一直处于动荡状态，先后发生了一系列重大事件，如武昌起义、清帝退位、五四运动、万里长征、抗日战争、人民解放战争等，战争与革命成为时代主题，毛泽东法律思想正是在这种动荡环境中，为解决实际难题而贡献的智慧。任何一种思想的产生都离不开物质基础和阶级条件，当时的中国正处于新民主主义时期，新的社会生产力与封建时代有着明显的区别，为毛泽东法律思想的产生提供了物质基础。五四运动以后，工人阶级走上政治舞台，为毛泽东法律思想的产生提供了阶级基础。十月革命之前，中国在向西方学习的过程中，马克思主义没有占据思想主流阵地。“十月革命一声炮响，给中国送来了马克思列宁主义”，中国人民思想加速解放，大批知识分子开始学习并传播马克思主义，倡导“民主”与“科学”的新文化运动蓬勃开展，为毛泽东法律思想的产生提供了理论条件。1921年，中国共产党诞生，开辟了历史新纪元，中国革命的面貌从此焕然一新，中国共产党领导中国人民开始了艰苦卓绝的斗争。直到新中国成立后，伟大的中国共产党继续带领中国人民进行大规模的经济建设，为毛泽东法律思想的形成奠定了实践基础。

2. 毛泽东法律思想的形成和发展

毛泽东在学生时代就富有法治意识[①]。1912年，毛泽东同志入读湖南省立高等中学，就读期间写下了《商鞅徙木立信论》一文。全文紧紧围绕“立信”二字展开论述，文中不仅谈到法律的作用，而且立意深远，剖析了法与民的关系，“以人为本、本固邦宁”，强调民众为国之本，法律法规应以民众利益为出发点。同时，还谈到了“良法”与“恶法”，在他的眼中，能够维护人民利益的法，就要去努力实践好；如果法令不善，危害人民，人民就会去反对它。要求政府要取信于民，合法施政。

从毛泽东进入省立高等中学到新中国成立，是毛泽东

① 唐振南．以民为本，取信于民——《〈商鞅徙木立信论〉初显毛泽东法治意识》[J]．湘潮（上半月），2015（1）：37-38.

法律思想形成时期。1938 年 10 月，在党的六届六中全会上，毛泽东同志首次提出了“党内法规”的概念。这期间其代表著作较多，其中毛泽东关于宪政的论述全面体现了毛泽东“政治依宪法，不是凭个人喜怒”的法律观念。1940 年，毛泽东正式提出了新民主主义的宪政，并且在延安各界宪政促进会成立大会上明确了新民主主义宪政的概念。他指出，新民主主义宪政是反帝、反封建、反官僚、反贪污腐化和黑暗专制势力的民主，关于新民主主义宪政的性质，毛泽东同志也做了具体阐述：新民主主义宪政是民主的政治。毛泽东在革命早期，关于以法治国的理念在《新民主主义的宪政》中得到很好的体现，此时他的主张与孙中山先生有较多相同之处，包括联合多民主阶级共同建立新民主主义国家的思想。

毛泽东法律思想在新中国成立后逐步发展并日益完善。新中国成立初期，满目疮痍、百业待兴。1950 年 5 月 1 日，新中国成立后的第一部法律正式实施，它就是被毛泽东誉为“普遍性仅次于宪法的根本大法”的《中华人民共和国婚姻法》。这部法律成为新中国的第一部法律绝非偶然，它体现了以毛泽东同志为代表的中国共产党人推动男女平等所做的努力，早在1931年，毛泽东亲自签发的《中华苏维埃共和国婚姻条例》便明确提出婚姻自由、男女平等、一夫一妻等原则，这些内容成为后来新中国制定《婚姻法》的重要参考。

针对新中国成立初期的基本国情，毛泽东同志审时度势，提出在合适的时机要制定出一部正式的宪法，在此期间，为保证新生政权稳定，《共同纲领》作为国家纲领性文件起到临时宪法的作用，《共同纲领》在新中国成立初期的重要作用不容否定，但随着土地革命、肃清反动势力等任务的完成，新生政权迫切需要一部完整的国家大法。1953年初，毛泽东做出了制定宪法的决策，并亲自担任宪法起草委员会主席，确定了“以事实为根据，不能凭空捏造”的制宪指导方针。“五四宪法”指明了未来中国的发展方向，是政治建筑的顶层，是国家的根本大法，中国的道路在世界范围内没有先例和遵循，这部宪法讲述如何由新民主主义向社会主义过渡，将来国家的道路怎样走，社会主义的经济政治制度如何确立等一系列重大问题，毛泽东的法律思想在宪法草案中得到生动体现。

毛泽东法律思想对新中国法制建设做出了巨大贡献，

除了上述提及的《中华人民共和国婚姻法》《中华人民政治协商会议共同纲领》《宪法》等之外，他还领导制定了《中华人民共和国工会法》《中华人民共和国土地改革法》等法律，这些法律蕴含着毛泽东法律思想，对新中国法制建设起到积极的指导作用。

3. 毛泽东法律思想的主要内容

（1）关于立法

毛泽东关于立法方面的思想较为丰富，主要表现在立法原则方面，如实事求是、民主立法、科学立法、灵活立法、取其精华等原则。实事求是是毛泽东思想的灵魂，也是共产党人认识世界、改造世界的根本要求。毛泽东在立法过程中强调从现实出发，不能凭空猜测，贯彻实事求是原则，注重革命和经济发展需要。例如，在制订宪法时，他曾经提出："现在能实行的我们就写，不能实行的就不写。"同样地，在制定"五四宪法"的过程中，毛泽东还强调了民主立法的原则，他要求制定宪法要坚持民主和社会主义原则，为了更好地体现民主，更充分地体现民意，更完全地反映无产阶级的意志，"五四宪法"先后在人民群众中和人民代表大会上进行大讨论，提出的修改意见超过 100 万条。毛泽东对“五四宪法”的所有条文逐字逐句地斟酌，反复思考，所有条款都经过至少四稿以上，他认为“搞宪法就是搞科学”，必须以科学的态度来制定宪法。如同领导中国革命斗争一样，毛泽东在立法方面也不拘泥于形式与原则要求，采取既讲原则又要灵活的策略，正如他所讲的“原则性要灵活执行”。在中国传统法律文化和国外立法经验方面，他倡导“古为今用”和“洋为中用”，他肯定了清末宪法和民国时期《中华民国临时约法》中的积极因素，肯定了资本主义宪法在资产阶级革命过程中的历史地位。

（2）关于司法

为了防止出现冤假错案，毛泽东同志十分重视在刑事司法中要讲证据、重调查的原则，这也是他一贯提倡的实事求是原则的具体表现。同时，在侦查、审讯过程中，他反对并禁止刑讯逼供，司法部门在工作过程中要采取有错必纠的原则。在整风运动的影响下，陕甘宁边区抗日民主政权将毛泽东的群众路线运用于司法工作，创新审判方式，形成了著名的“马锡五审判”方式。审判方式将毛泽东“没有调查就没有发言权”落实到案情调查中，在群众路线上，采取“依靠群众、教育群众和尊重群众意见”的办法，审判过程坚持实事求是的原则，依法办事，廉洁公正。“马锡五审判”方式至今仍然是司法工作方法的典范，不仅解决了边区群众诉讼难的问题，还有力增进了军民团结，促进了农业生产，是毛泽东法律思想在抗战时期运用于司法领域的生动实践。

（3）关于执法

毛泽东重视立法和司法，也特别强调要认真守法、严格执法。他说：“法律是上层建筑。我们的法律，是劳动人民自己制定的。它是维护革命秩序，保护劳动人民利益，保护社会主义经济基础，保护生产力的。我们要求所有的人都遵守革命法制[①]。”在执法方面，毛泽东强调罪刑相适应，有反必肃，合法公正、严格执行法律规定，“轻罪重判不对，重罪轻判也不对”。执法过程中不宜株连，不可牵涉其他无辜分子，既要求严格执法，又要求严守执法范围，不可随心所欲地扩大案件范围。在肃反问题上，毛泽东提出实行“镇压与宽大”的政策，这一政策成

---

① 1957年1月27日，毛泽东在省市自治区党委书记会议上的讲话时提到的观点。

为我国刑事的基本政策，此后的许多刑事条例都是在这一思想的指导下制定的，包括1979年制定的《刑法》。关于死刑犯，毛泽东提出了“凡介在可杀可不杀之间的人一定不要杀”，“慎用死刑”是尊重人权和法治进步的体现。现阶段，最高法对死刑案件实施严格的复核程序，设立了专门的复核机构，“死刑复核”和“死刑缓刑”也是毛泽东法律思想的重要内容之一。对于反革命分子、恶霸分子和贪腐人员，毛泽东倡导从严执法、绝不姑息。新中国成立初期，刘青山、张子善案成为反腐绝不手软的明确信号。

毛泽东法律思想形成于新民主主义时期，是与中国革命相结合的、符合中国历史发展需要的产物，深深根植于中国社会发展的时代沃土中，具有鲜明的时代烙印。比如，毛泽东亲自参与起草的“五四宪法”，体现了人民民主和社会主义两大原则，包含人民授权、人民民主专政、民主集中制原则等思想内容，这些原则在今天依然适用。毛泽东法律思想集中反映了当时社会法治的情况和特点，是在正确认识国家法治现状基础上逐步发展起来的，为新民主主义时期和新中国成立初期的法制建设提供了科学的世界观和方法论。

（二）邓小平法律思想

邓小平法律思想在中国法制建设进程中具有极为特殊的地位，不仅是中国特色社会主义法律体系的雏形，更是中国特色社会主义法治体系的开端，在坚持马克思主义法律思想理论的基础上，批判地吸收毛泽东法律思想中的合理内核，是马克思主义法律思想与中国的社会主义建设实践相结合的产物①。

1. 邓小平法律思想产生的历史背景

新中国成立后我国虽然在法制建设上取得了一定进展，但是受人民文化水平不高和领导干部法治意识淡薄的影响，法制建设停滞不前，“人治”在社会生活中居主要地位，特别是“文化大革命”期间，法制建设遭受严重挫折。党的十一届三中全会以后，和平与发展成为世界范围内的主旋律，人权与法治也成为全球的重要议题，国际国内环境要求我们推动法治建设向前发展。《关于建国以来

① 卢丽梅．马克思主义法律思想中国化的第二次创新——论邓小平法律思想［D］．贵阳：贵州师范大学，2016.

党的若干历史问题的决议》对“文化大革命”等一系列重大历史问题进行反思，肯定了毛泽东同志的历史地位，指明了中国未来的发展方向。在此后的一段时间内，邓小平提出“摸着石头过河”，不断探索我国政治、经济和法制建设正反两方面的实践经验，构成了邓小平法律思想的国内时代背景。

国际方面，20 世纪 80 年代末 90 年代初，国际社会两种意识形态斗争激烈，东欧剧变、苏联解体先后在短时间内发生，社会主义何去何从，给我们国家带来很大困惑。邓小平审时度势，认真总结了这些社会主义国家在社会主义道路上失败的原因，统筹规划中国社会法制发展方向。苏联一度作为社会主义国家的典范，很早就建立了比较完备的法律体系，在政治体制上与中国相似，但是其民主法制道路的发展并不顺利，中央高度集权，经济发展偏于重工业，斯大林去世后，其专权行为饱受诟病，国内批评声音不断，人民思想意识混乱，法制建设停滞不前，加上西方的“颜色革命”，导致苏联解体。苏联解体给中国敲响了警钟，在建设社会主义民主过程中，要充分发挥民主的作用，法制建设要落到实处，不能流于形式，否则人民群众的利益无法得到真正保障。正是在这样的大背景下，邓小平把中国发展的重心定位于经济建设，强调一手抓建设，一手抓法制，对社会主义民主和法制建设的各个方面做出了详尽的分析和阐述，邓小平法律思想逐步形成。

2. 邓小平法律思想的主要内容

（1）关于法律的平等观

中国自古以来就有“王子犯法与庶民同罪”的说法，不仅说明了法的权威性，也体现了法律约束的普遍性。邓小平强调，“公民在法律和制度面前人人平等，党员在党章和党纪面前人人平等。人人有依法规定的平等权利和义务，谁也不能占便宜，谁也不能犯法”，在社会主义国家里，人民是国家的主人，不存在特权和贵族阶层，法律面前人人平等，不再是封建时期的口号，而是实质上的平等。“五四宪法”明确了这一原则，但在之后的“七五宪法”和“七八宪法”中被取消了①，在邓小平同志的提议下，法律面前人人平等的原则于 1982 年被再次写进《宪法》。社会主义法制的基础是社会主义生产关系，平等是

---

① 卢丽梅．马克思主义法律思想中国化的第二次创新——论邓小平法律思想［D］．贵阳：贵州师范大学，2016.

社会主义的基本理念，邓小平说，公平原则的基本内涵就是“在法律面前人人平等”①。

（2）关于民主法治与人治

20 世纪 50 年代，全国上下法律意识淡薄，领导的讲话和指示的效力甚至凌驾于法律之上，国家权力过分集中，民主制度形同虚设，社会主义民主集中制原则遭到破坏，社会主义经济建设也不同程度受阻。邓小平同志认为，要防止人治、实行法治，就必须加强法制建设，制度建设十分重要，他提出：“必须使民主制度化、法律化，使这种制度和法律不因领导人的改变而改变，不因领导人的看法和注意力的改变而改变。”

民主法治是邓小平谈得较多的内容，他把民主视为发展社会主义的基础之一，也把民主视为社会主义国家要达到的目标之一，社会主义的民主是真正意义上的民主，与资本主义国家提倡的民主有很大区别，是实质意义上更高层面的民主，为实现民主，必须加强法制。在民主与法制关系方面，邓小平辩证地指出，民主与法制互相促进，

① 赵琳．论邓小平社会主义法制建设的根本原则［J］．济南职业学院学报，2013（2）：101-103.

“没有广泛的民主是不行的，没有健全的法制也是不行的”。法制建设离不开民主，民主建设也离不开法制，脱离法制空谈民主的做法，遭到邓小平的剖析与批评。西方国家的民主制度有其合理的一面，也有其适合中国的一面，但中国与西方国家的发展道路不同，制度模式不同，历史背景不同，照搬西方国家的做法肯定行不通。

（3）关于党政与法律

《中华人民共和国宪法》规定：“中国共产党领导是中国特色社会主义最本质的特征。”[①] 中国共产党的执政地位是经过宪法确认的，历史和实践证明，没有中国共产党，就没有新中国，更没有今天的繁荣昌盛，国泰民安。广义上的党政与法律的关系是指执政党及其制定的政策与国家机关及其制定的法之间的关系。党要牢牢把握国家重大方针战略的决策权，重大人事推荐权，政府要在党的领导下管理好国家各项行政事务，无论党还是政府都要在法律规定的范围内活动，都必须以宪法为根本活动准则。

---

① 《中华人民共和国宪法》第一章第一条。

（4）关于经济与法律

邓小平最著名的论断和核心治国理念是“坚持以经济建设为中心不动摇”。因此，国家其他各项工作基本上都是围绕这个中心展开，包括社会主义法制建设。强调用法律手段来协调国家与企业、企业与企业、企业与个人之间的关系，三者之间的问题也需要通过法律来解决。邓小平提出要“两手抓”，一手抓建设，一手抓法制，以经济建设为中心，法律为经济活动保驾护航。这表明经济与法律互为条件，相辅相成，法律保障经济建设在正常轨道内运行，经济建设反过来促进法制建设的发展。此外，邓小平要求运用法律严厉打击经济犯罪，这是保证经济能够健康发展的必要条件。

（5）关于法制教育

邓小平非常重视普法，他主张：“要讲法制，真正使人人懂得法律，使越来越多的人不仅不犯法，而且积极维护法律。”① 法制教育要实现全覆盖，在全体人民中进行，对于青少年法制教育问题，他尤为重视。他提议法制教育

① 邓小平．邓小平文选（第2版，第二卷）［M］．北京：人民出版社，1994：254.

要从娃娃开始，从源头抓起。20世纪，我国人口较多，知识水平普遍不高，法制教育的难度可想而知，不是一代人能够完成的。青少年懂法的程度，直接影响着国家长期的发展，影响着社会的稳定。法律知识与其他学科知识一样，需要有意识地教学，青少年处于世界观、人生观形成时期，灌输良好的法制观念是保证他们健康成长的前提。通过普法，让他们学法、懂法、守法。普法工作不是某一段时间内的政治运动，不是短期工程，需要长期坚持，而且要灵活采取行之有效的教学方法，特别是创新一些青少年喜闻乐见的方式，达到教书育人的目的。

3. 邓小平法律思想的主要特征

（1）法律的权威性

新中国成立之初，我国法制建设一片空白，国家治理主要依靠行政权力，以权代法现象非常普遍，导致许多政策不具备持续性，民主更无从谈起。此后，我国逐步制定了以《宪法》为代表的各类法律，法律体系逐步健全。但受历史因素、组织制度和管理体制等因素影响，法律的权威性没有得到很好的体现，法律执行力度不够，以权代法现象仍时有发生，这种情况一直到党的十一届三中全会以前都没能得到很好的改观。邓小平强调要尊重法律的权威，不宜过于夸大个人作用，只有法律的权威性得到发挥，民主才能更好地实现。

（2）法律的服务性

邓小平认为法律是为经济建设和社会发展服务的，是社会主义现代化建设的必然要求。因此，邓小平强调要进行经济立法，运用法律的手段来调整经济关系，而绝不是由党政进行过多的干涉，要将经济建设纳入法治的轨道[①]。邓小平充分利用法律手段打击犯罪，同时提出大力发展经济来解决发展中出现的犯罪问题，特别是刑事犯罪问题。他坚持依法惩治腐败："对干部和共产党员来说，廉政建设要作为大事来抓。还是要靠法制，搞法制靠得住些[②]。"

（3）法律的与时俱进性

邓小平对法制建设认识十分充分，作为社会主义国家，统治阶级不同于资本主义，这就决定了我们不能照搬照抄西方国家的法律制度。改革开放以后，随着经济的快

① 王竣铎．论邓小平法律思想的主要特征［J］．世纪桥，2016（2）：9-11.

② 邓小平．邓小平文选（第三卷）［M］．北京：人民出版社，1994：379.

速发展，法制建设明显滞后，加速立法迫在眉睫，邓小平提出，先立法，再完善。他强调“现在立法的工作量很大，人力很不够，因此法律条文开始可以粗一点，逐步完善[①]”。邓小平从全局出发，先填补法律空白，再逐步完善，体现出邓小平将法律视为动态体系，具有与时俱进的特征。

除以上几个明显特征外，邓小平法律思想还有其他许多特点，其中实践性比较突出，台湾问题是中国内政，在实现国家统一的问题上，他创造性地提出“一国两制”，这一设想成功运用到了香港和澳门两个地区，《香港基本法》与《澳门基本法》的颁布意味着“一国两制”的指导方针正式法律化。邓小平站在时代高度，总结了新中国成立以来正反两方面的经验教训，结合国家经济建设的实际情况，创造性地提出了许多法制思想，构成了邓小平法律思想的主要内容。

（三）江泽民法律思想

江泽民法律思想是以江泽民为核心的第三代中央领导

---

① 邓小平．邓小平文选（第三卷）［M］．北京：人民出版社，1994：14.

集体在社会主义现代化建设中继承和发展毛泽东、邓小平的法律思想的基础上形成的治国理念，是“三个代表”重要思想的组成部分，是马克思主义中国化的重要理论成果，具有鲜明的时代特征。

1. 江泽民法律思想产生的历史背景

20 世纪 90 年代至 21 世纪初，国际国内形势发生重大变化，新科技层出不穷，国内发展面临新的矛盾，许多新的情况是前所未有的，既是机遇也是挑战。正是基于这一复杂的时代背景，以江泽民为核心的第三代领导集体深刻思考，产生了一系列符合中国发展需要的政治、经济和法律理论。

（1）国际背景

东欧剧变和苏联解体是 20 世纪最重要的大事件，严重打击了国际共产主义运动，两极世界的格局土崩瓦解，“一超多强”的新格局逐步形成，世界多极化和经济全球化成为时代主要发展趋势，合作与竞争超过历史上其他时期，国与国之间的关系不断调整，霸权主义出现新动向，西方国家不断推进“和平演变”战略，颠覆我国国家政权成为某些国家梦寐以求的大事，加上受苏联解体的影响，国内少数人信仰动摇，党的社会治理能力经受了严峻的考验。在新的国际形势面前，如何有效地维护国家安全，如何使执政党经受住考验和挑战，用什么样的治理方式来使国内社会稳定和继续发展[①]，这是以江泽民为核心的第三代中央领导集体高度关注的重大问题。对这些重大问题的深入思考，构成了江泽民依法治国思想的重要内容。

（2）国内背景

20 世纪 90 年代初，我国经过十几年的改革开放，经济发展快速，人们思想解放，发展经济成为主旋律，经济发展引发新的社会问题和矛盾，立法工作相对滞后，许多领域出现了法律盲区，加上改革开放前“人治”问题仍有遗留，法律观念、法治意识尚未深入人心，司法不公现象较为普遍，执法不严和违法不究的情况也时有发生，经济与法制未能同步前进。为了解决这些问题，必须加快社会主义法制建设。江泽民指出，“没有法制就没有社会主义”，强调了法制对推进国家道路发展的重要性。在这一时期，国家制定了一系列适应经济发展需要的法律法规，

---

① 郑金山．江泽民法治思想研究［D］．重庆：西南大学，2008.

不断完善社会主义政治制度，江泽民依法治国思想应运而生。

2. 江泽民法律思想的主要内容

江泽民法律思想内容非常丰富，笔者认为，其核心理念是依法治国。除了依法治国这一核心内容外，江泽民法律思想还深度剖析了民主与法制、经济与法制、精神文明建设与法制、德治与法治等内容，进一步丰富和发展了马克思主义法学理论。

（1）核心内容：依法治国

“依法治国，建设社会主义法治国家”，这一论断是江泽民在党的十五大报告中正式提出的，早在1996年中央法制讲座上，江泽民就明确了“依法治国”的概念。概念简明扼要地概括了中央治理国家的方式方法，是在总结改革开放以来国家治理经验的基础上，适应国家政治、经济、社会发展需要的正确倡议。集中了全党全国人民的智慧，也是我们党治理国家的基本方略。

云南大学张向前认为：依法治国是一种治理国家的权力由体现国家意志的法律确认；统治者依据明确、完备的法律规定合理运用公共权；采用民主型法律制度治理国家的治国方法[①]。

“依法治国”方略来之不易，从新中国成立到党的十五大“依法治国”概念的正式提出，其中经历了许多曲折。新中国成立初期，民主与法制建设取得一定的成就，“文化大革命”期间，法制建设停滞，依法治国无从谈起。1980年，邓小平在接受外国记者采访时说：“我们这个国家有几千年封建社会的历史，缺乏社会主义的民主和社会主义的法制。现在我们要认真建立社会主义民主制度和社会主义法制。”依法治国从字面上理解就是依照法律法规来治理国家，即不是“人治”，不能按照领导人的想法治理国家，国家的政治生活、经济发展和社会秩序，要靠法律来协调，人为地干扰或阻碍是错误的，是法律不许可的。

依法治国中，权力与法律的关系是区分法治与人治的基本依据，在法治条件下，权力的来源是法律的授权，是统治阶级意识的体现，是受到法律制约的。人治条件下，权力的来源是个人的意志，权力基本不受约束，也没有法

---

① 张向前．依法治国概念的界定［J］．法学杂志，1997（11）：15-17.

律的授权，法律处于从属地位，是权力的工具，“如果有一个人不遵守法律，所有其他人就必然受这个人的任意支配[①]”，法律的权威性不复存在。

依法治国的主体是人民群众，本质是否定人治，强调法律的权威性，即法的权威高于领导者的意志，人的因素不能左右民主与法制的进程，法律绝对凌驾于权力之上。只有依法治国得到保证，人民当家作主的地位才能更加稳固，人民的权利才能得到更好的保障。不管是行政机关，还是司法机关，都要把依法治国作为工作的基本准则。

（2）民主和法制

江泽民十分重视民主与法制建设，把民主与法制的重要性提升到国家战略层面，“没有民主和法制就没有社会主义，就没有社会主义的现代化”。简而言之，发展社会主义必须走民主与法制的道路，民主与法制具备社会主义属性。江泽民清醒地认识到，在当时的情况下，民主与法制建设不是一蹴而就的事情，是一个漫长的过程，需要循序渐进，要根据国家实际情况，在党的领导下逐步推进。

---

① 卢梭．论人类不平等的起源和基础［M］．吕卓，译．北京：九州出版社，2007.

江泽民辩证地分析了两者之间的关系，他认为两者要同步发展，不能优先任何一个，也不可偏废任何一个；法制是民主的保障，民主是法制的体现，两者是社会主义政治文明的两个基本特征，总是紧密结合。

（3）经济与法制

社会主义市场经济体制是党的十四大确立的，市场经济不是一个新生事物，但对于中国来讲，想尽快完善社会主义市场经济体制的配套建设是个难点，也是个艰巨的任务。市场经济同时也是法制经济，以市场为主导。在当时的条件下，我国在经济立法方面几乎空白。江泽民积极主动地推进这项工作，要求国家和省级立法部门抓紧制定一批经济法律，填补市场经济体制运行所必需的法律规范。江泽民认为，市场经济的运行需要法律予以引导，要想拥有一个成熟的市场经济，完备的法律必不可少，所以立法显得尤为紧迫。他指出，除了立法外，还需要为法律的运行提供保障条件，这样才能更好地保障市场主体的合法权益。江泽民指出要适时地修订经济法律法规："有了新情况、新问题、新经验，经过研究和总结，就要适时地制定新的法律和法规。这样才能避免新问题的很不规范也很难从容行事的被动局面。”① 在江泽民的努力下，我国集中出台了包括《公司法》在内的一大批经济法律，经济法律体系初具规模。

（4）精神文明建设与法制

为了实现社会的全面发展，法制建设与社会主义精神文明建设应同步进行，两者符合马克思主义辩证观，相辅相成，统一协调。法制建设是精神文明建设的有力保障，精神文明建设为法制建设提供智力支持。法制建设中法治观念是精神文明的一部分，它既是人们遵守法律和崇尚法律的根源，也是形成法治社会的宏观条件，更是执法机关或个人的理性思维和价值判断。江泽民提出，“加强社会主义法制建设，坚持依法治国，一项重要任务是不断提高广大干部群众的法律意识和法制观念”。由此可见，精神文明建设与法制建设是密不可分的。历史证明，法制不健全，精神文明往往也发展不起来，人们思想觉悟会相应处于较低水平；即使法律完善，人们也不会自觉遵守，法律起不到法律应有的作用。加强社会主义精神文明建设成为20世纪末期国家的重点工作，一方面要积极培养社会主

① 江泽民．江泽民文选（第一卷）［M］．北京：人民出版社，2006：512.

义法治观念；另一方面要加大普法力度，从思想上改变人，提高全民族的民主素养。

（5）法治与德治

“以德治国与以法治国相结合”是江泽民法律思想中极富特色又蕴含传统智慧的内容。得益于改革开放政策，我国经济建设取得了巨大成就，人们物质生活水平达到了中国历史上前所未有的高度，人们生活幸福，物质丰富，真正形成了国富民强的大好局面，社会管理水平也逐步向法治化迈进。但是，前进过程中产生的矛盾也较多，特别是私有经济站位、收入分配方式、外资引入等问题，虽然在今天看来都是常态的事物，但是在当时给人们的思想带来巨大冲击，人们对于资本主义与社会主义的道路抉择、国家姓“资”还是姓“社”等问题反映突出，整个社会没有及时形成共识，加上受苏联解体的影响，人们思想上的国家和集体意识减弱，少数地区干部工作积极性不高，对社会主义前途持观望态度，部分地区治安事件频发，各种思潮泛滥。国际上，反华势力企图以“和平演变”的方式颠覆社会主义政权。正是在这样的大环境下，江泽民果断引出中华优秀传统文化，将德治放到与法治同等重要的位置。

在 2001 年的全国宣传部长会议上，江泽民指出，“我们在建设有中国特色社会主义，发展社会主义市场经济的过程中，要坚持不懈地加强社会主义法制建设，依法治国，同时也要坚持不懈地加强社会主义道德建设，以德治国”。德治在中国已经有着几千年的实践经验，是被历史证明的行之有效的社会治理手段。孔子认为：“道之以政，齐之以刑，民免而无耻；道之以德，齐之以礼，有耻且格。”[①] 由此可见，儒家思想一方面强调德治和礼治在法律中的作用，另一方面倡导要德刑兼施。在古代社会中，德与礼渗透在社会生活的各个方面，其调整作用十分广泛，不仅可以预防犯罪，还运用到了具体的司法实践之中。江泽民指出：“对一个国家的治理来说，法治和德治从来都是相辅相成、相互促进的，二者缺一不可，也不可偏废。”这正是中国传统德刑并举的治国理念。

3. 江泽民法律思想的特征

（1）宏观性

江泽民倡导国家社会生活的各个方面均应由法律来

---

① 《论语·为政》。

调整，实现“依法治国，建设社会主义法治国家”，从根本上改变国家传统治理模式。法律在国家治理中的作用表现为宏观指导和微观上的执行两个层面，涵盖了社会治理的全过程。江泽民法律思想的宏观性，符合了社会发展潮流，代表了社会发展的前进方向。在“建设社会主义法治国家”的原则指引下，国家的方针政策有了明显的改变，经济建设成为国家工作的重心，经济运行模式发生重大变化，市场经济成为国家经济运行的主要方式，引入外来资本，发展民营经济，法治替代人治，法律贯穿于国家宏观调控、社会生产、物资分配、消费和再分配等过程。

江泽民法律思想的宏观性，还表现在维护社会稳定和促进经济发展方面。以 21 世纪初的严打行动为例，行动的目标是改善社会治安环境，规范市场经济秩序，促进社会主义市场经济健康发展。江泽民法律思想在此次行动中起到了良好的引领和规范效果，做到了法律效果与社会效果的统一。在社会主义物质文明、政治文明和精神文明建设方面，充分发挥了法律应有的作用，有力保障了 21 世纪初期的社会发展，文学艺术繁荣，标志着社会主义精神文明建设取得重大进步。

（2）统一性

江泽民法律思想的核心内容为依法治国，在某种意义上讲是依宪法治国，宪法是一个国家的根本性大法，一切法律工作的开展都应以宪法为核心。1999 年，就中共中央提出的修改宪法部分内容的意见召开党外人士座谈会，江泽民强调，宪法具有最大的权威性和最高的法律效力。全国各族人民、一切国家机关和武装力量、各政党和社会团体、各企业事业组织，都必须以宪法为根本的活动准则，并且负有维护宪法尊严、保证宪法实施的职责。宪法是法律体系的核心和基础，是依法治国的根本依据。

依法治国不是空洞的口号，是中央站在时代前沿，在分析国际国内形势的基础上，从国家政治、经济、文化建设的需要出发，以江泽民为核心的第三代中央领导集体总揽全局、审时度势提出的重大战略决策，是从中央到地方，从社会各个行业到各个阶层都应努力实现的统一性系统工程。江泽民法律思想的统一性，还表现在它是一种治国思想体系、一种治国原则体系和一种治国制度体系的总成，包含丰富的内容[①]。

（3）战略性

“建设社会主义法治国家”是党的十五大正式提出的，这一目标具有极其重要的意义，是现代法治社会的标志性战略目标。法治国家与传统意义上的国家模式不同，是社会主义国家在政治上的具体类型，是以法治原则为指导的现代国家形态，内涵丰富，具有中国特色。法治国家也是江泽民法律思想战略性的外在表现形式。党的十五大报告认为，我国要继续“推进政治体制改革，进一步扩大社会主义民主，健全社会主义法制，依法治国，建设社会主义法治国家”[②]。

建设社会主义法治国家，是我国民主与法制建设进程中一个新的里程碑。这一决策是时代的要求，也是社会主义市场经济发展的内在需要，可以有力地保障国家长治久安，是中国共产党人推进国家治理方式的重大进步。其基本内涵是，在中国共产党的领导下，以遵守宪法和法律为

① 刘卉．依法治国是实现中国梦的必然路径［N］．检察日报，2013-05-27.

② 江泽民在中国共产党第十五次全国代表大会上的报告。

大的前提条件，人民真正实现当家作主，以合适的方式来管理国家事务，社会主义的优越性得到高度体现，再也没有人治因素，国家的所有工作都有法可依，社会主义民主逐步法律化、规范化。

（4）系统性

“建设社会主义法治国家”是在中国共产党的领导下，具有实质内容的宏观决策，它的存在与法律体系的构建是同步进行的。江泽民提出，构建社会主义法治国家的前提基础是人民当家作主，坚持和完善工人阶级领导的、以工农联盟为基础的人民民主专政，同时，要发展民主，健全法制。法治国家的构建不是一项单一的政治目标，而是受政治、经济、文化综合因素影响的战略性目标，影响它的因素较多，如法律体系的完善程度、人们思想观念和综合素质水平、经济文化条件、历史传统等。所以，建设社会主义法治国家是一项任务繁重、体系复杂的系统性工程。

（四）胡锦涛法律思想

胡锦涛法律思想是党的十六大以来以胡锦涛为总书记的中国共产党集体法律智慧的结晶，是科学发展观的重要组成部分，是对邓小平法律思想、江泽民法律思想的继承与发展，是马克思主义法律思想中国化的崭新成果①。

1. 胡锦涛法律思想产生的历史背景

2002年至2012年，是中国经济发展迅猛的十年，中国的综合国力跃居世界第二，达到了历史上的新高，外交事务上的国际发言权及国际影响力越来越大。2003年4月，“非典”席卷中华大地，胡锦涛在防“非典”工作会议上提出，“要更好地坚持全面发展、协调发展、可持续的发展观”。同年10月，党的十六届三中全会通过了《中共中央关于完善社会主义市场经济体制若干问题的决定》，正式提出了科学发展观。这十年，中国同世界经济的关系发生了重大变化，中国经济已经成为世界经济的重要组成部分。经济发展要求法律同步发展，胡锦涛将立法提到了前所未有的高度。

国际方面，胡锦涛认为，防范经济全球化带来的风险问题，既是关系到我国经济发展速度的快慢问题，更是决定我国前途命运的一个政治问题。2001年中国加入世界贸

---

① 段凡．胡锦涛法律思想初探（上篇）[J]．武汉理工大学学报（社会科学版），2009（1）：1.

易组织，此后，我国加快了法律法规的清理、调整与完善。

2. 胡锦涛法律思想的主要内容

（1）核心内容：社会主义法治理念

2006年4月11日至13日，中央政法委在北京举办社会主义法治理念研讨班，时任中央政法委书记的罗干指出："社会主义法治理念的提出，是以胡锦涛同志为总书记的党中央，从社会主义现代化建设事业全局出发，坚持以马克思主义法学理论为指导，在认真总结我国法治建设实践经验，借鉴世界法治文明成果的基础上，作出的一项重大决策，标志着我们党对建设中国特色社会主义法治国家的规律、中国共产党执政规律有了更加深刻的认识和把握。"

社会主义法治理念的基本内涵为：依法治国、执法为民、公平正义、服务大局、党的领导。

坚持依法治国。依法治国的根本目的是实现人民群众利益，充分保障人民群众自身权益。目的的实现需要民主与法制的结合，只有民主实现了，法律规定的人民群众的权益才能得到保障。全面树立与维护宪法的权威性、法律的至高无上性，坚持法律的平等观，明确法律是调整和规范社会生活的准则，让法律观念深入人心，把依法治国贯穿于社会治理的各个环节。

坚持执法为民。以人为本，一切为了人民，社会主义法治的本质要求是执法为民。中国共产党的宗旨是全心全意为人民服务，我们党之所以取得革命胜利建立新中国，之所以取得举世瞩目的建设成就，归根到底是人民群众的拥护。人民群众是中国共产党的权力来源，取之于民，用之于民，党要把实现好、维护好和发展好广大人民群众最基本的利益作为出发点和落脚点。

坚持公平正义。公平正义是人民群众的基本诉求，是社会主义法治的价值追求。在社会生活的各个方面，都要体现公平正义，将其作为协调社会各阶层关系的基本准则。完善法律法规，使人民群众的利益有法可依，在执法与司法过程中，行政执法人员要严守职业道德底线，保障所有公务行为合法合理，确保人民群众感受到公平正义。

坚持服务大局。党和国家的工作大局涉及国家主权、领土完整、国家统一、社会稳定、经济社会可持续发展等重要内容，服务大局是社会主义法治建设的重要使命。国家发展大局作为国家的核心利益，是整体中华民族的利益关键，是国家法制建设和法治事业发展的坚实依托，社会主义法治须臾不可偏离这一大局。

坚持党的领导。没有共产党就没有新中国，没有共产党就不可能实现中华民族的伟大复兴。中国特色社会主义最本质的特征是中国共产党的领导，任何情况下，任何时候都要毫不动摇地坚持党的领导。加强社会主义法治建设，构建法治社会，不是削弱党的领导，而是通过法治社会建设来增强党的领导，提高党的执政能力，保持党的先进性。

社会主义法治理念是马克思主义法学中国化的又一成果，标志着我们党对社会主义法治有了更深层次的认识，也是科学发展的重要组成部分。

（2）构建中国特色社会主义法律体系

2012 年党的十八大报告中，胡锦涛指出："基层民主不断发展。中国特色社会主义法律体系形成，社会主义法治国家建设成绩显著。"① 中国特色社会主义法律体系基本上是在胡锦涛担任国家主席的任期内完成的，从 1997 年党的十五大提出"到 2010 年形成中国特色社会主义法

① 胡锦涛．坚定不移沿着中国特色社会主义道路前进　为全面建成小康社会而奋斗［M］．北京：人民出版社，2012.

律体系的立法工作目标”，到2010年顺利实现了这一目标，体现了以胡锦涛同志为总书记的党中央高度重视法律法规建设。

胡锦涛在中共中央政治局第二十七次集体学习时强调：全社会大力弘扬社会主义法治精神，必须把加强宪法和法律实施作为弘扬社会主义法治精神的基本实践，不断推进科学立法、严格执法、公正司法、全民守法进程。党的十六大以来，全国人大常委会组织开展大规模法律清理，为确保法律体系的形成进一步铺平道路。同时，加快民生领域和社会领域立法的步伐，抓紧制定在法律体系中起支架性作用的法律。监督法、公务员法、行政许可法、物权法、企业破产法、企业所得税法、侵权责任法、涉外民事关系法律适用法等一大批法律陆续出台。

形成中国特色社会主义法律体系，是各方面长期共同努力的结果。胡锦涛在不同场合多次论述了完善社会主义法律的必要性，为中国特色社会主义法律体系的构建指明了方向，他指出：“要进一步加强和改进立法工作，从法律上体现科学发展观的要求，制定和完善发展社会主义民主政治、保障公民权利、促进社会全面进步、规范社会建设和管理、维护社会安定的法律。”① 在这一要求的指导下，立法机关不断加强和改进立法工作，努力提高立法质量，制定了大量符合社会发展需要的法律，国务院也根据社会发展需要制定了大量行政法规，为中国特色社会主义法律体系的形成奠定了重要基础。

（3）以人为本的人权观

胡锦涛高度重视民生和人权，其中科学发展的核心为以人为本。胡锦涛以人为本的人权观是对马克思主义人权观的继承和发展。胡锦涛积极推进国家人权事业，2004 年 3 月，《中华人民共和国宪法修正案》第 24 条规定：国家尊重和保障人权。保障人权写进国家根本大法，体现中国共产党以人为本的法律观，促进了我国人权事业的快速发展。

（4）其他法律思想

胡锦涛法律思想内容丰富，除了社会主义法治理念、构建社会主义法律体系、以人为本的人权观外，他还就部门法提出了许多重要观点。刑法方面，他坚持严厉打击恐

① 胡锦涛在省部级主要领导干部提高构建社会主义和谐社会能力专题研讨班开班式上发表重要讲话［EB/OL］. 新浪网，https：//news. sina. com. cn/o/2005-02-20/102151493615. shtml。

怖主义，对刑事犯罪保持高压态势，开展社会治安综合治理；推进反腐工作制度化、法制化，注重预防，注重制度建设；在经济领域，他充分认识并肯定物权法的重要性；坚持和完善农村土地经营制度；尊重知识产权，完善知识产权方面的法律法规；强调运用经济和法律手段来加强经济的宏观调控。

胡锦涛重视资源和环境保护法的建设，要求建立健全节约能源资源的法律法规和标准体系，认真实施有关法律，加大执法和监督检查力度，制定和实施强制性标准，推动生产、建筑、交通等方面的节约能源资源工作。此外，胡锦涛法律思想还包括胡锦涛关于国际公法、国际经济法方面的论断。

3. 胡锦涛法律思想的特征

胡锦涛法律思想最重要的特征就是坚持“以人为本、科学发展”的核心价值观。他高举中国特色社会主义伟大旗帜，汲取人类关于发展的有益成果，实践马克思主义法律方法，创造性地发展了马克思以人为本的法律思想。主要内涵包括维护人的自由、确保人的权利、体现社会公平正义，构建社会主义和谐社会。胡锦涛法律思想具有创新性，与其他中国特色社会主义理论成果一样，创新性是胡锦涛法律思想的又一鲜明特征。胡锦涛同志在“七一”讲话中论述了理论创新的极端重要性：“坚持以反映时代特征和实践要求的科学理论指导实践，并根据实践的新鲜经验不断推进理论创新，是马克思主义政党坚持先进性、不断推进事业发展的根本保证。”这一论断深刻揭示了理论创新与党的先进性和党的事业的关系。

（五）习近平法治思想

党的十八大以来，以习近平同志为核心的党中央以战略思维和恢宏视野，把人民对美好生活的向往作为奋斗目标，立足于中国社会主义法治建设，形成了内涵丰富、顺应实现中华民族伟大复兴时代要求应运而生的重大理论创新成果，是习近平新时代中国特色社会主义思想的重要组成部分。

1. 习近平法治思想的时代背景

党的十八大以后，国家发展经历新实践，取得新成就，遇到新问题，这是一个新的时代，是一个承前启后、继往开来的时代。习近平法治思想根植于时代的深刻变化，是马克思主义法学同中国实际相结合的历史性飞跃。

（1）中国特色社会主义进入新时代

习近平总书记在党的十九大报告中指出“中国特色社会主义进入了新时代”[①]，这一重大判断是基于我国社会主要矛盾变化而作出的科学判断。马克思指出：“我们判断这样一个变革时代也不能以它的意识为根据；相反，这个意识必须从物质生活的矛盾中，从社会生产力和生产关系之间的现存冲突去解释。”时代是否发生变革，从唯物主义角度来看，主要看社会主要矛盾是否发生变化，一个社会的主要矛盾一旦发生变化，那么这个时代也随之发生变化。社会主要矛盾是人类社会阶段划分的依据，党的十一届六中全会提出，我国的社会主要矛盾是人民日益增长的物质文化需要与落后的社会生产之间的矛盾。党的十九大以来我国社会的主要矛盾是：人民日益增长的美好生活需要和不平衡不充分的发展之间的矛盾。社会主要矛盾发生明显变化。中国特色社会主义进入新时代，意味着社会

① 习近平．决胜全面建成小康社会　夺取新时代中国特色社会主义伟大胜利——在中国共产党第十九次全国代表大会上的报告［N］．经济日报，2017-10-18.

主义发展进入一个新阶段。正确判断和处理社会主要矛盾呼唤新的理论，需要新的政策。

（2）改革进入攻坚期和深水区

经过三十多年的改革开放，经济、政治、文化、社会等方面的改革已经基本到位，尚未能及时改革的，都是短期内难以解决的，甚至是涉及全局性的重大问题，此类改革涉及面广，利益受众人数多、难度最大，但如果不进行改革，社会主义发展就会遭遇瓶颈期，继续深化改革，必然触动深层次的利益以及重大关系调整。习近平总书记指出：我们将以壮士断腕的勇气、凤凰涅槃的决心，敢于向积存多年的顽瘴痼疾开刀，敢于触及深层次利益关系和矛盾，把改革进行到底。

（3）国家治理体系和治理能力亟须现代化

中国特色社会主义新时代对国家治理体系和治理能力提出了更高的要求。经济社会的高质量发展，必然要求有更加科学、更加合理、更加民主的治理方式。自新中国成立以来，我们发展的核心力量是党的领导，体制优势和领导优势使我们集中力量发展经济，并取得惊人的成绩。现阶段，人们物质生活较为丰富，人们对其他方面的需求增加，需要执政团队以更高的执政效能给予保驾护航。

“天下之势不盛则衰，天下之治不进则退。”国际方面，我国正经历百年未有之大变局，世界各国之间有着千丝万缕的联系，潜存着各种风险和挑战，西方国家仍然以冷战思维看待中国的社会主义制度，对中国的发展采取一系列抑制策略，甚至采取不光彩的手段打压中国企业。中国从站起来到富起来，再到强起来，现在正处于国家强起来、民族兴起来的关键时间点，推进国家治理体系与治理能力现代化是发展中国特色社会主义的必然要求，习近平总书记非常重视发挥法治在国家治理体系和治理能力现代化中的作用，他指出“在法治轨道上推进国家治理体系和治理能力现代化，为全面建设社会主义现代化国家、实现中华民族伟大复兴的中国梦提供有力法治保障”[①]。加强法治建设，实现依法治国，是推进国家治理体系与治理能力现代化的重要依托。

（4）法治国家进入新阶段

不可否认，新中国成立 70 多年以来，我国法制建设

① 习近平．论坚持全面依法治国［M］．北京：中央文献出版社，2020.

取得了长足发展，法律法规从无到有，法律体系逐步健全，国家70多年的发展足迹，也见证中国法律发展的光辉历程，特别是近年来，开辟了中国特色社会主义法治道路，我国法治建设驶入快车道。在看到成绩的同时，我们还要反思，在此过程中我们还有哪些不足。基础方面，我国法学理论研究还不够深入，在国家法律发展方向、国际法律话语权、国际重大法律规则制定等方面尚有欠缺。东西南北中，党政军民学，党是领导一切的。然而，部分学者崇尚西方法学和民主思想，不断在理论上弱化党对法治的领导，一部分人对于党的领导认识不足，对党与法之间的关系不能清晰界定；少数法律在立法时缺少科学评估，征求意见范围不够公开，规范性不强；执法和司法存在以权谋私、滥用权力、权力寻租等现象，严重影响党和国家形象，影响人民对党和国家的信任，人民法律意识仍然不强，整个社会的法治基础相对薄弱。

党的十八大以后，法治建设作为国家战略，以习近平同志为核心的党中央为我国法治发展指明了方向，特别是十八届四中全会研究了全面推进依法治国若干重大问题，法治在中国新一轮的发展进程中扛起历史重任，党在十八大以后，针对国家发展和未来宏图进行一系列战略部署，这些宏伟目标的实现，必须全面推进依法治国，对社会主义法治国家建设作出顶层设计。

2. 习近平法治思想的主要内容

上海师范大学蒋传光认为："习近平法治思想的丰富内容，可从全面依法治国的重要地位、政治方向、战略布局、重点任务、重大关系、重要保障六个方面去把握，其核心内容可以概括为二十二个坚持。"[①] 张文显从"法治的基本原理""中国特色社会主义法治的基本理论""全面依法治国的基本观点"三个部分概括论述了习近平法治思想[②]。黄文艺把习近平法治思想总结为"法治基本理论""法治推进方略""法治重大关系"三大理论板块[③]。笔者赞同黄文艺的观点，在法治基本理论板块，明确提出了全面依法治国战略、法治中国命题、中国特色社会主义法治道路、中国特色社会主义法治体系、中国特色社会主义法治理论、在法治轨道上推进国家治理现代化等一系列

① 蒋传光．习近平法治思想的核心内容［J］．学习与探索，2021（1）．

② 张文显．习近平法治思想的理论体系［J］．法制与社会发展，2021（1）．

③ 黄文艺．习近平法治思想要义解析［J］．法学论坛，2021（1）．

基本理论。在法治推进方略板块，明确提出了坚持党的领导、人民当家作主、依法治国有机统一，坚持依宪治国、依宪执政，坚持统筹推进依规治党和依法治国，坚持依法治国和以德治国相结合，坚持依法治国、依法执政、依法行政共同推进和法治国家、法治政府、法治社会一体建设，坚持全面推进科学立法、严格执法、公正司法、全民守法，坚持统筹推进国内法治和涉外法治，坚持专业力量和群众力量相融合，坚持抓关键少数和抓绝大多数相结合。在法治重大关系板块，明确提出了正确处理政治与法治、改革与法治、政策与法律、发展与安全、活力与秩序、维权与维稳等一系列关系的方法①。

3. 习近平法治思想的主要特征

关于习近平法治思想的主要特征，许多学者提出了自己的见解与主张，江必新等将其概括为八个统一，从“党性与人民性的统一、合目的性和合正义性的统一、理论性与实践性的统一、现实性与前瞻性的统一、重点论与系统性的统一、守正与创新的统一、原则性与辩证性的统一、

① 黄文艺．习近平法治思想要义解析［J］．法学论坛，2021（1）．

建构性与积极性的统一”八个方面进行解读[①]。张文显从宏观方面阐述习近平法治思想的主要特征，运用了守正创新、高瞻远瞩等词汇予以说明。关于习近平法治思想的主要特征，本书比较赞同江必新等的观点，不再展开论述。

三、中国传统优秀法律文化

中国特色社会主义法治体系是马克思主义法学中国化的最新成果之一，完全符合中国国情，这一成果不仅是当代中国发展的现实需要，也继承了中国传统优秀法律文化。保护、传承和发扬中国传统法律文化是所有法务工作者、法学学者及其他文化工作者的义务，让优秀的法律文化的精髓融入现代法治体系中。继承并运用中国传统优秀法律文化，并不意味全盘接受，而是有选择性地利用，使传统法律文化以合理的方式运用到社会发展中。

1. 以德治国

古代中国以农业为主导的经济形态为儒家思想的形成

---

① 江必新，黄明慧．习近平法治思想基本特征刍论［J］．中南大学学报（社会科学版），2021（1）．

提供了沃土。从春秋时期开始，历经东、西两汉，直至今日，儒家思想仍不断地将中华文明的精髓进行融合传承，在民族精神的塑造方面起到无可替代的重要作用。在古代文献记载中，关于“德”“德教”“德化”的内容比比皆是。古人把德与国家治理紧密结合起来，“孟春之月，命相布德和令，行庆施惠”。“布德施惠”强调的就是“德教”，以扬“德”为善教。“施实德于民”和“恤民为德”要求统治者以德施德，注重德化。西周时期，“明德慎罚”的思想逐渐成为统治阶层的主流观点，这是中国古代司法制度的极大进步，充分体现出统治阶层的善治意识。前期儒家十分推崇“以德教化、慎用刑罚”。“徒善不足以为政，徒法不能以自行”，孔子旗帜鲜明地反对单独依靠德教或单独使用刑罚，仅仅依靠德教很难处理政事，仅仅依靠法治也很难产生效力，体现出其德刑并举的治国理念。孟子的治国观点与孔子一脉相承，主张重德轻罚，德先而刑后。“杀一无罪非仁也”。同时，他提出，国家不应轻易杀戮，无罪而杀人，会导致君民离心，民众迁徙。荀子的看法与孔孟基本相同，他重视德教的作用，强调在司法过程中少用刑罚。荀子在《荀子·富国》中指出：不经过德教就采取刑罚，无益于治国；若无教化，刑罚虽多，但社会风气不正，难以实现很好的治理效果。从孔子、孟子和荀子的言论中，可以得出儒家思想主张“慎用刑罚”的司法观念。西汉时期，“春秋决狱”这一司法制度的确立，是儒家德治原则与法家法治思想的融合，结束了自秦以来儒法两家的对立，儒家学者的社会治理观念得到普遍认可，其经典大义以司法制度的形式上升为国家意志，将“少用刑罚、以德治国和以德施教”引入了司法实践。唐代将“德治”与国家统治紧密结合，法律思想的儒家化水平达到了古代社会的顶点，“德礼为政教之本”作为唐代法律的指导思想，将大量儒家经典学说直接作为法律条文的依据，唐代法律成为其之后各个朝代的范本。

2. 以礼治国

“礼”在古代是维持社会秩序的重要规范，多数学者认为它起源于祭祀活动，在国家没有形成之前，它最主要的作用是调整宗族内部血亲的“长尊幼卑”关系。夏、商两个朝代，“礼”所涉及的范围逐步扩大，由早期的祭祀活动扩展到社会生活的各个方面，但仍不够系统，没有形成典章制度及法律关系。周朝实行分封制度，为体现天子权威，维护阶级统治的需要，周公旦整理并发展了礼乐制度，将祭祀、衣食住行、婚庆、殡葬、教育等都以礼制进行规范，礼的意义和范畴发生了实质性变化，主要体现为：首先，调整对象的变化，由调整宗族内部关系转变为调整社会关系。其次，内容更加广泛，囊括社会各个方面。不仅包括风俗习惯、道德规范、礼仪礼节，甚至连法律规范都包含在内。最后，外在形式也发生变化，“礼”上升为国家制度。周朝末期，随着王朝的衰落，出现了“礼崩乐坏”的局面，春秋时期，孔子提出要恢复周礼，“礼乐不兴，则刑罚不中；刑罚不中，则民无所措手足”，强调了“礼”在司法中的重要作用。

儒家思想中基于“礼治”的法治观主要包括以下几个方面的内容：一是司法实践中注重伦理纲常。如“亲亲相隐”，这一制度与现代司法制度是相悖的，但却是儒家礼法并行思想中人伦精神的体现。二是主张无讼。“听讼，吾犹人也，必也使无讼乎”，我国自古以来就强调以和为贵，当人们产生矛盾时尽量避免对簿公堂，现在许多地方仍存在这种现象，司法诉讼是传统礼法无法协调下的选项。三是倡导忠孝。“五刑之属三千，而罪莫大于不孝”，在隋唐律中，不孝被列属“十恶”范畴，“不孝罪”体现了“礼”对司法制度及过程的支配和影响。四是司法诉讼制度必须遵循宗法制的原则。“凡听五刑之讼，必原父子之亲，立君臣之义以权之”，司法官员进行罪行判定之前，首先衡量其行为是否在宗法制度许可范围内，是否有违父子、君臣大义，然后再根据危害程度进行量刑。五是司法审判时，涉及家庭关系的适用法律优先原则。涉及家庭亲属关系的犯罪，如果有两条以上规定，其中一条规定涉及家庭关系则被优先适用。此外，从晋朝至清代，亲属关系的远近及尊卑也是司法量刑的重要依据，九族以内的亲属之间的相互侵害行为，按照“准五服以制罪”的原则进行定罪判决。六是司法上的特权制度。“礼不下庶人，刑不上大夫”，三国两晋南北朝时期，立法上引礼入律，“八议”制度是礼法结合的典制之一。其中规定，司法机关无权擅自处理这八类权贵，他们犯罪后，“大罪必议，小罪必赦”，这一制度和“官当”制度几乎贯穿了我国整个封建时期。

3. 以人为本

以人为本是儒家文化的精髓，《尚书》曾经记载：

“惟天地，万物父母；惟人，万物之灵。”周代以后，统治阶级在人的问题上形成共识，“民为邦本”成为周人治国的核心理念，中国传统民本思想已初具形态。此后，以人为本的思想对历朝历代都产生深远的影响，其在一定程度上保障了民生、维护了社会公平，限制统治阶级的特权思想，对维护社会的相对稳定起到非常积极的作用。

4. 和谐社会

在中国传统文化中，“以和为贵”的思想是人们相处的主要原则，其主要以人与人之间不发生冲突为基本原则，减少矛盾和摩擦，有相互谦让、相互尊重、相互理解之意。正是在这种“中和”思想的引导下，中华民族崇尚和睦友善。古代有许多关于和谐、和美、中庸的描述，总体的思想就是求同，把不同的事物统一起来，相互间达到某种平衡。

儒家的和谐思想主要用于协调人际和社会关系，要实现这一理想状态，除了人们在意识形态上的考量外，还离不开其他因素的作用，儒家把“德”融入其中，儒家学派把伦理道德、纲常思想作为约束人们行为的工具，从而实现和谐状态。《周礼》将“和、知、仁、圣、义、忠”并列为“六德”。社会和谐是儒家和谐思想的另一个重要组成部分，社会和谐归根到底是人与人的和谐，外在表现形式上还有人与社会的和谐，不同利益团体的和谐，大到国家与国家的和谐。和谐思想是一种多元化的思想观，除了儒家推崇外，道家也视之为其思想的核心组成，在道家观念中，和谐社会主要体现在人与自然的和谐以及天地万物间的和谐。

关于“仁”的思想。孔子强调“仁者爱人”，在孔子的观点中，仁是超出诸多形态的高点，是一种境界，在情感的驱动下能实现爱人。“礼”是儒家的和谐思想的另一种外在表现形式，它能很好规范社会秩序，“以礼相待”，“礼尚往来”，“礼”成为人与人之间的桥梁和纽带。

“儒家一直是以一种积极的态度去对待人的自我和谐，提倡通过自身的努力先达成自我和谐，进而通过自我和谐中所蕴含的积极的、入世的态度去推动社会的进程。”[①]历代儒学思想家都以不同的方式对和谐社会、和谐思想及和谐处世观进行表述，虽然表述方式不同，但基本思想大

---

① 李涛．中华传统和谐文化思想当代价值研究［D］．合肥：安徽农业大学，2020.

同小异，根本目标都是包容冲突、追求和谐的境界。

顺应自然实质上也是和谐思想的组成部分，但与儒家和谐思想的侧重点不同，儒家和谐思想重点强调人与人的和谐，顺应自然则强调人与自然的和谐。宇宙万物皆有规律，在社会运行中，人类应规范自我行为，遵循自然界蕴含的自然规律，不宜逆向而行。“人法地，地法天，天法道，道法自然。”天地间的规律是自然而生，自然合理。道家认为，世界的根本是“道”，是宇宙万物之源，人类对自我的认识应与对自然的认识相融相通，实现自我和谐，达到天人合一。顺应自然的实质是对人的规范和要求，“自知之明”是道家理论中自我和谐的基础，人只有在“自知之明”的状态下，才可能达到“天人合一”的最高境界。

第三章　构建中国特色社会主义法治体系的有效路径

我国已于2011年宣布建成中国特色社会主义法律体系，形成了以宪法为核心，以法律为主干，其他法律部门为组成的统一体。改革开放至今，在党的领导下，截至2021年1月19日，我国现行有效法律数量发生较大变化，共274件。其中，宪法1件，按法律部门分类，还有宪法相关法46件、民法商法23件、行政法92件、经济法75件、社会法25件、刑法1件、诉讼与非诉讼程序法11件。至此，国家各个层面，基本实现了有法可依。中国共产党第十八届中央委员会第四次全体会议提出，全面推进依法治国，总目标是建设中国特色社会主义法治体系，建设社会主义法治国家。显而易见，我国社会主义法治建设成果丰硕，主要得益于党的坚强领导，得益于建设社会主义法治国家的若干重要原则。

一、坚持党的领导

办好中国的事情，关键在党。近代中国历史是一部充满苦难的历史，是一部悲壮的历史，更是一部探求光明、艰苦奋斗的历史。全国各族人民正确地选择了中国共产党，在她的带领下，经过艰苦卓绝的斗争，取得了新民主主义革命的胜利，取得了改革开放的伟大成就。党的十八大以来，以习近平同志为核心的党中央，带领中国共产党人，继续推进党和国家事业不断前进。

2021 年，中国全面建成小康社会，中国人民从根本上改变了自己的命运。积极发展社会主义民主政治，推进全面依法治国，党的领导、人民当家作主、依法治国有机统一的制度建设全面加强。

（一）构建中国特色社会主义法治体系是党的历史使命发生重大变化的客观要求

中国共产党从成立之初，就对自己的历史使命有着非常明确的定位。建党的指导思想是马克思主义，当时的历史条件是，整个中国处于“一战”结束后的混乱状态，人民生活处于水深火热之中，军阀割据，地方豪强各自为政，党的成立注定就是要结束国家的混乱状态，实现中国人民解放和国家独立，带领人民逐步实现民族伟大复兴。中国共产党之所以能够站出来，得到人民的信任，是历史的正确选择，也是全国人民的正确选择。中国拥有优秀的传统文化，是世界文明古国。清朝后期，西方国家用鸦片和炮弹打开了中国的国门，帝国主义在中国国土肆意妄为，中国近代史就是中国人民的血泪史，为了实现独立自主，无数仁人志士通过不同方式救民救国，但始终没有成功。自古以来，中国就是个伟大的国家，中华民族就是个伟大的民族，大浪淘沙，人民选择了中国共产党，自此国家看到了希望，人民看到了希望。

抗日战争和解放战争时期，中国共产党带领全国人民展开了艰苦卓绝的斗争，将日本侵略者赶出了国门，国民党政府退守一隅，完成了新民主主义革命的胜利。新中国成立后，中国共产党又马不停蹄地领导全国人民开展经济建设，确立社会主义基本制度，实现从新民主主义向社会主义过渡，人民当家作主，在优越的社会主义制度下，国家破除体制和思想上的障碍，经济建设取得很大进展。

党的十一届三中全会拨乱反正，确立了“一个中心、两个基本点”的基本路线。以经济建设为中心，成为国家主旋律，“社会主义市场经济‘姓资还是姓社’”“一部分人先富起来”“两手抓两手都要硬”，一系列新的思想理念成为时代标签，代表着改革开放，代表着思想解放，代表着经济发展，代表着对外开放……共产党人对党的历史使命和地位的认识进一步深化。江泽民同志在党的十六大报告中深刻指出，中国共产党历经革命、建设和改革的长期奋斗，发生了两大变化：一是已经从领导人民为夺取全国政权而奋斗的党，成为领导人民掌握全国政权并长期执政的党；二是已经从受到外部封锁和实行计划经济条件下领导国家建设的党，成为对外开放和发展社会主义市场经济条件下领导国家建设的党[①]。随着改革开放的深入，国内国际环境都与以往不同，国家经济结构发生重大变化，党对国家的治理由人治转向法治，国家对法律的需求

① 李适时．坚持党的领导，推进中国特色社会主义法律体系不断走向完善［J］．中国人大，2011（6）．

十分迫切，党的领导、人民当家作主、依法治国成为20世纪末政治生活的统一体，经济、政治、文化、社会逐步向法制化迈进，建设完备的法律体系成为立法机关迫在眉睫的工作。党的十八大之前，经过几代人的努力，终于形成了中国特色社会主义法律体系，各行业各领域实现了有法可依。

我国法制建设取得巨大成就离不开科学的理论指导，社会主义法制理论与法制建设相互作用，两者相辅相成。党的十八大以后，党在社会发展现实的基础上，全面总结了自新中国成立以来国家的法制建设经验，科学地提出构建中国特色社会主义法治体系。这一概念的提出，将以往建设静态的法律体系向动态的法治体系转化，制度与执行、法律与法理、机构与执行进行了合理的协调与结合，是社会主义法治理论体系与社会主义法治实践体系组成的有机整体①。最大限度地发挥了法制建设与社会治理两者的整体合力，从而有效地贯彻落实依法治国的基本方略，推动法治中国建设。

① 莫纪宏．明确社会主义法治体系的结构与内涵［J］．学习时报，2014(10)．

（二）构建中国特色社会主义法治体系是党的执政理念不断发展完善的必然结果

中国特色社会主义法治体系的提出，是我们党对依法治国的不断深化，是党对执行规律的深层次把握，体现了党对国家发展的准确定位，更是党对社会主义法制建设的必要性与重要性的认识。坚持和完善中国特色社会主义法治体系，是党的十九届四中全会决定提出的一项重要内容。法律与法治，两者实质不同、内涵不同：法律范围体现在制度和条例方面，法治的空间远远不止于此，法治包含法律、治理，是集理论和实践于一体的综合系统，法治体系包括五个子体系，基本囊括了依法治国的各个方面。

进入新时代以来，面对百年未有之大变局，国家需要稳定，社会需要民主，治理需要现代化，构建社会主义法治体系是社会的需要、时代的需要。我国对外开放面临新的问题，国际合作进一步扩大，经济发展的国际化势头更强，开放合作、开放创新、开放共享成为世界经济的新特征，各国也更加包容，更加开放。我国融入世界经济也离不开法律支撑，知识产权问题、科技合作问题、国内法律保护、国际规则制定等，需要及时完善国内法域外适用的法律体系，保护国内知识产权，参与国际规则制定。通过立法，进一步明确管辖权限，梳理国际法律，加快制定与国际法接轨的国内法律，明确两者之间的关系，强化立法解释，明确涉外法律适用的方式、范围和后果。加强司法领域的国际合作，与相关国家签订相关条例，为我国企业实施“走出去”战略提供法律保障。

党的十八大明确提出了全面推进依法治国方略，依法治国突出在“法”字上，同时强调“治”字，法治成为治国理政的基本方式，中国共产党的执政理念发生了重大变化，对法治道路的认识发生了质的变化。从许多文件中关于中国特色社会主义法治体系的说明中可以发现，法治体系与一般的法理论是对应存在的，可以从中探索到中国特色社会主义法治体系的制度性原则和实现机制①。中国特色社会主义法治体系的价值基础体现在以人为本，以人民利益至上为基本原则，无产阶级的统治性也得到了展示，民主与个人权利，法律的平等性、自由性

① 魏治勋．从法律体系到法治体系——论党的十八大对中国特色社会主义法治体系的基本建构［J］．北京行政学院学报，2013（1）．

也得到了充分体现。

（三）构建中国特色社会主义法治体系是依法治国的重要条件

“党政军民学，东西南北中，党是领导一切的。”在国家治理的过程中，党是领导全局的，所有的工作都要听党的。“一战”以后，中国在短时间内建立了许多政党，企图通过各自的政治理念挽救中国，但是最终都没有成功，主要原因是缺乏正确的纲领。只有代表中国工人阶级的中国共产党才最适合中国，也只有中国共产党才能救中国。新民主主义革命、社会主义基本制度的确立和改革开放取得的巨大经济成就，历史地证明了党的领导是正确的，她体现了无产阶级的意志，很好地解决了国家发展过程的一系列难题。在所有的国家制度中，法律具有稳定性、权威性和根本性，是协调社会关系的有力武器。因此，中国共产党领导人民成立新中国不久，就制订了包括《宪法》在内的各种法律，带头遵守法律，全体人民在宪法和其他法律法规规定的范围内活动。中国特色社会主义法治体系的构建，从根本上解决了包括立法、执法、司法和监督等在内的问题，为国家治理体系和治理能力现代化提供了基础。中国特色社会主义法治体系的提出并非偶然，它立足于改革开放几十年来的实现情况，目标是进一步实现国家治理法治化，使国家机器运转和社会运行规范化，这是完善中国特色社会主义制度的需要。

只有深入了解构建中国特色社会主义法治体系对依法治国的重要意义，才能更好地发挥法治在依法治国中的重要作用。全面依法治国是几代共产党人的不懈追求，能够很好地保障中国特色社会主义的本质，直接关系到国家的兴盛发展，关系到党执政为民的效果，更关系到国家复兴的大局。构建中国特色社会主义法治体系，是党领导人民对治理体系进行改革的创举，更是一场伟大的社会变革。

我们一直重视法制建设，在制订第一部宪法的同时，积极推进其他法律的出台，短时间内制订了几部影响较大的法律，为我国社会主义法律制度的完善奠定了基础。党的十一届三中全会以后，面对经济发展的快速推进、经济体制的深刻变化以及由于改革发展过程中产生的矛盾，原有的法律好多已经不再适应发展的需要，特别是社会主义市场经济地位的确立，传统的计划经济时代的法律已不再适用。国家社会治理迫切需要新的法律，经济领域的相关方的关系也需要新的法律来调节。全面依法治国，中国特色社会主义法治体系应运而生，深刻地改变着我国的国家治理实践。

构建中国特色社会主义法治体系、全面推进依法治国是社会主义国家的必然选择。我国经历了从“人治”到“法治”的历程，当“人治”占主导地位时，权力行使者治理的主要依据是个人判断，“法治”恰恰相反，法治强调依法而治，是科学合理的社会治理方式，核心内容是在法律的规范下进行治理，社会和人们公平地享有法律规定的权利和义务，没有特权阶层，没有例外，这是理想状态，也正是中国共产党带领全国人民要实现的目标。随着中国特色社会主义法治体系的完善，社会和人们之间的秩序将更加有序，法律将会被极大尊重，权威性得到更好的发挥和体现，全社会尊重法律和遵守法律的风气更好，法律的正义性更好展示。人类社会经过几千年的发展，充分证明了法治是目前最合理、最优势、最行之有效、最科学、最公平的手段，也是人们最拥护、最渴望、最具现代化的治理模式。

我国的依法治国经历了漫长曲折的过程。共产党执政初期，在完善国家法律方面做出了很大努力，由于受历史条件和传统思想的影响，“法治”并没有得到很好运用；相反，“人治”一度占据主导地位，“人治”的危害性不言而喻，导致国家发展过程出现了较大的波折，经济、社会和党的领导都受到了极大的破坏。改革开放以后，法制建设迎来了春天，人民民主得到了充分保障，加强法治的呼声越来越高，法制建设有了实质性进展，党的领导集体不止一次强调加强法制建设的重要性，治国方针发生重大变化，为构建中国特色社会主义法律体系打下了良好的基础。江泽民同志在党的十五大报告中提出，要“依法治国，建设社会主义法治国家”，“法治”替代了“法制”，虽然是一字之差，却反映了中央执政理念的重大变化，治理国家的基本方略更加合理，中国共产党带领全国人民走上社会主义法治大道。20 世纪末，宪法明确规定依法治国，是社会主义法治建设的又一里程碑，标志着我国社会主义法治建设进入了一新的发展阶段。此后，我们党对完善法律体系、全面依法治国有了更加清晰的认识，特别是在党的十八届四中全会上审议通过了《中共中央关于全面推进依法治国若干重大问题的决定》，这是“我们党在总结国际共产主义运动和我国法治建设正反两个方面经验教训的基础上作出的英明决策，是建设社会主义法治国家的必然选择，是历史发展的客观规律，是实现国家长治久安的根本保障”①。

（四）坚持党的领导是构建中国特色社会主义法治体系的重要保障

构建中国特色社会主义法治体系是新时代背景下我们党全新的治国理念，它是指广大群众在党的领导下，通过完善包括宪法在内的各种法律法规，理顺法律在执行和监督过程中的问题，实现和保障人们通过不同形式管理国家事务的权利，法治体系的构建意味着法律体系的完备，社会主义更加民主。中国特色社会主义法治体系的构建离不开党的领导，这是由国家实际情况决定的，该体系不仅是法律的汇总与集成，还具有很强的可操作性和指导性，是治国理念、法律依据、执行过程和人权保障等的融合体，

---

① 王平，顾伟．依法治国：社会主义法治的核心内容［J］．社会纵横，2009（4）．

在党的领导下构建中国特色社会主义法治体系，科学地回答了国家的权力属于人民，人民是国家和社会的主人，标志着社会文明的进步。

二、坚持人民主体地位

习近平总书记强调："现在，人民群众对美好生活的向往更多向民主、法治、公平、正义、安全、环境等方面延展。"一切为了群众，为了群众的一切，我们党的奋斗目标就是让广大人民过上幸福美好的生活。因此，构建中国特色社会主义法治体系，最终的目的也是为了人民。

（一）法治建设要为了人民

人民至上，以人为本，是我们发展理论的重要内容，体现了我们党执政为民的核心理念，也是中国特色社会主义思想的重要内容之一。从党的部门到行政部门，都必然坚持以人为本的发展观，坚持把人民的利益放在首位，把党的领导、人民当家作主和依法治国有机统一起来，社会主义法治体系建设要从人民的角度出发，以人民的利益是否得到保障作为工作的出发点和落脚点，保障人民充分享有宪法和其他法律规定的各项权利义务。20 世纪，国家提出让一部分人先富起来，先富的人带动后富的人，然后实现共同富裕，现在我们离这一目标越来越近了，政法部门要大力维护公平正义，促进共同富裕，依法保障人民享有平等的就业权、医疗权、受教育权，为解决发展不平衡不充分，推动缩小收入差距、地区差距做出积极贡献；我们国家现在拥有比较完善的社会保障体系，要让人民享有最基本的社会保障，加强制度建设，发展好和谐法治的社会治理环境，依法维护社会安全，努力化解各类可能存在的风险，对于侵犯人民群众权益的违法行为，一定要采取及时措施，严厉打击，让人民感受到法律的公平正义。深化司法体制改革和综合行政系统改革，让人民群众办事方便，维权快捷，不断增强人民群众的获得感。

（二）法治建设要依靠人民

人民群众是历史的创造者，加强中国特色社会主义法治建设，全面依法治国，最深厚的基础就是人民，必须坚持依靠人民。新时代国家法治建设离不开人民，人民既是受益者，也是建设者，体现了建设法治中国的根本立场，坚持以人民为中心，让人民的力量汇聚在法治建设过程中，创新人民群众参与法治建设的途径，深入推进科学立法、民主立法。近年来，我们国家在法治建设方面取得了较好的成绩，但也存在着这样或那样的问题，有些地方或部门在立法过程中有本位主义思想，地方保护主义仍然存在，部门化情况也经常发生。让人民群众广泛参与是解决这些问题的最好办法，要充分听取人民群众的意见建议，让人民群众的呼声或想法得到展示，发挥立法凝聚人心、统一认识的作用。加强普法，不断增强人民群众的法律意识，让人民群众成为法律权威的信仰者。在日常生活中，少数人对法律缺乏信任，宁愿通过各级上访的方式解决问题，也不愿意拿起法律武器维权，社会主义法治建设的问题还比较突出。要着力培养人民的法治思维、法律习惯，相信法律是解决矛盾的最好方式，让全民尊法学法守法用法蔚然成风。

（三）法治建设要造福人民

“我们提出全面推进依法治国，坚定不移厉行法治，一个重要意图就是为子孙万代计、为长远发展谋。”构建中国特色社会主义法治体系，推进国家治理体系和治理能力现代化，就是要用法治的办法来为人民谋幸福，就是要让社会主义事业的福利惠及广大人民群众，在人民群众关切的民生重点领域不断运用法治手段推进发展。

提高民生建设法治化水平。“利民之事，丝发必兴。”任何一个国家在加强社会治理过程中，最不能忽视的就是民生建设，它涉及人民生活的方方面面，是实现人民满意的重要抓手，提高民生建设法治化水平是法治建设造福人民的重要内容。我国社会的主要矛盾发生变化，人民的需要变得多样化，追求更高更好，对国家发展充满期待。与此对应的是，民生建设相对滞后，特别是民生建设的法治化进程相对落后，既要协调平衡各方利益、维护社会公平正义，提高立法质量，确保法律法规得到贯彻实施，又要坚持可持续发展理念，立足当前与兼顾长远并重，努力提高公民福利水平，通过法治化途径规范民生建设、解决民生问题。

突出重点领域的民生法治建设。民生涉及劳动就业、社会保障、收入分配、医疗卫生、教育等领域，事关人民群众切身利益。完善教育、劳动就业、收入分配、社会保障、医疗卫生、食品药品、安全生产、道路交通、扶贫、慈善、社会救助等领域和退役军人、妇女、未成年人、老年人、残疾人正当权益保护等方面的法律法规，不断保障和改善民生。完善疫情防控相关立法，全面加强公共卫生领域相关法律法规建设。健全社会组织、城乡社区、社会工作等方面的法律制度，进一步加强和创新社会治理。当前，要加强《民法典》重大意义的宣传教育，加强同民法典相关联、相配套的法律法规制度建设，确保民法典得到有效贯彻实施。

严惩涉及民生领域的职务犯罪。民生领域的职务犯罪往往发生在群众身边，更容易引发群众的切身之痛。既要坚决查办发生在领导机关和领导干部中的职务犯罪案件，又要严肃查办发生在群众身边的腐败犯罪。紧盯民生保障领域，坚决惩治教育、就业创业、社会保障、医疗卫生、食品药品安全、征地拆迁等领域职务犯罪，严惩侵害群众利益的腐败犯罪。围绕服务和保障全面深化改革，依法惩治和预防国有资产监管、国有资本授权经营和投资运营、发展混合所有制经济等方面的职务犯罪，以及新型城镇化建设用地、农村土地制度改革、农业转移人口市民化以及扶贫开发、支农惠农资金管理使用等领域的职务犯罪。

（四）法治建设要保护人民

习近平总书记鲜明指出："人民群众对执法乱作为、不作为以及司法不公的意见比较集中，这要成为我们厉行法治的聚焦点和发力点。"总书记对执法行为提出了明确要求，在执法过程中，要严格按照法律法规的要求，不能滥用执法权，公正文明地依法执政，加大司法改革的力度，让人民感受到国家构建社会主义法治体系带来的公平正义。加大对刑事犯罪的打击力度，毫不手软地打击社会黑势力及其保护伞，形成巨大的威慑力，让人民安全幸福地生活。对每一起冤假错案要深刻反思，建立健全防范冤假错案机制，让人民群众真正感受到公平正义就在身边，切实增强人民群众对法治的信心。

三、坚持法律面前人人平等

“法律面前人人平等”，在资产阶级推翻封建主义的过程中，他们提出了这一核心法律理念。这一观点的提出，主要基于封建王朝的性质，在封建社会时期，王权是最高权力，特权阶层根据政治地位高低享有不同权力。甚至根据拥有社会财富的多寡，官员职务的高低享有对应的特权。“刑不上大夫”，是封建时期法律不平等最直接的表现，法律对一定地位的人无约束力，或者采取其他办法来抵消他们的罪行，王权的拥有者更是凌驾于法律之上。当资产阶级逐步崛起时，他们要求废除这些特权，要求尊重法律，所以就提出了“法律面前人人平等”的口号，作为他们对未来社会的向往和描绘资产阶级世界蓝图的标语。当封建社会成为历史，资产阶级统治时期到来时，这句话又变成了一纸空谈，他们强调的“法律面前人人平等”，只表现在口号上，人民群众并没有享受到与统治阶级一样的权利，仍然处于被剥削的地位，不平等仍是社会主题。正如马克思所指出的那样，资产阶级法律面前人人平等原则只是形式上的平等。

社会主义是人类社会历史上最优越的社会制度形态，最终发展目标是共产主义。在社会主义阶段，国家的分配方式是按劳分配，人民是国家真正的主人，无产阶级是社会的统治阶级，他们的意志通过立法上升为国家意志。在社会主义的初级阶段，我们国家实行以公有制和按劳分配为主体的方式，允许其他所有制和分配方式并存，以提高人们的生产积极性。在社会主义社会，经济上的剥削只是短期存在的，当生产力发展到一定阶段，物质极大丰富时，经济剥削最终会消亡，社会制度将极大公平，所有社会成员，无论是在经济方面，还是在政治方面都享有平等的权利，最终实现人的自由而全面发展。因此，平等是社会主义法律的基本属性。

坚持“法律面前人人平等”是我们党的一贯主张。“全心全意为人民服务”是我们党的根本宗旨，早在中共七大上，毛泽东同志就指出，全心全意为人民服务是人民军队的宗旨。党的历任领导人都努力践行，同时，把坚持法律面前人人平等作为党的政治主张。解放战争胜利以后，在党的领导下，积极制订宪法，将“公民在法律上一律平等”写进了国家根本大法。党的十一届三中全会以来，关于公民在法律面前人人平等的问题更是得到了党的重视，在历次党的代表大会上，都对这一问题进行重申和强调。党的十五大报告指出：“维护宪法和法律的尊严，坚持法律面前人人平等，任何人、任何组织都没有超越法律的特权。”党的十六大报告指出：“坚持法律面前人人平等。加强对执法活动的监督，推进依法行政，维护司法公正，提高执法水平，确保法律的严格实施。”党的十七大报告指出：“加强宪法和法律实施，坚持公民在法律面前一律平等，维护社会公平正义，维护社会主义法制的统一、尊严、权威。”党的十八大报告指出：“要推进科学立法、严格执法、公正司法、全民守法，坚持法律面前人人平等，保证有法必依、执法必严、违法必究。”

“法律面前人人平等”并不是空洞的口号，它具有十分丰富的内涵。首先，法律保障的客体是平等的，只要具有中华人民共和国的国籍，不分宗教、年龄、性别、职业等，《宪法》和其他法律法规所规定的各项权利一律平等享受。其次，权利和义务并重。任何人在享受法律规定权利的同时，还要依法承担相应的义务。最后，就是平等性。社会主义国家没有特权阶级，不存在“铁帽子王”，不管职务、级别多高，触犯了法律就会受到相应的惩罚。

坚持法律面前人人平等，对于构建社会主义法治体系具有十分积极的意义，其作为法治社会的基本原则，可以指导立法、司法和执法的全过程，不仅仅体现在某一个环节，而是具有广泛适用性。社会主义的优越性将得到充分体现，无产阶级作为国家主人的权益将得到保障，真正实现当家作主。同时，也对全社会所有公民提出要求，体现出法律的权威性，确保实现建设中国特色社会主义法治体系和建设社会主义法治国家这一依法治国的总目标。

采取有效措施促进法律面前人人平等。今天的中国处于历史上经济发展程度最高、经济体量最大、社会民主程度最高的时期，党的领导受到了社会各阶层的拥护，中国共产党提出了实现中华民族的伟大复兴，更是人心所向，充满期待。为了实现社会更加公平正义，推进国家治理现代化，党又提出构建社会主义法治体系，从而为国家治理体系和治理能力现代化提供保障。新时代背景下的中国特色社会主义法治体系是国家治理的有力武器，是贯彻法律面前人人平等的重要平台，应采取更加有效的措施，确保这一原则得到贯彻执行。

四、坚持依法治国与以德治国相结合

建设中国特色社会主义法治体系，必然坚持走中国特色社会主义道路，方向不能错，推进法治中国建设的总遵循、总依据要把握好。“坚持依法治国与以德治国相结合”就是重要的措施之一。以德治国与依法治国二者之间相辅相成，在不同条件下发挥各自优势，都是提高国家治理水平的有力抓手，这是我们党几十年的经验总结，是经过实践检验、行之有效的方法。两者在社会治理过程中，都蕴含着深刻的社会规律，各自都能独立发挥作用，中国从古至今，德治发挥了无可替代的作用，受到历朝历代的推崇。要深刻认识法治和德治的内在联系，始终坚持一手抓法治、一手抓德治，把依法治国与以德治国紧密结合起来。

（一）法治是治国理政的基本方式

党的十八届三中全会提出：“全面深化改革的总目标

是完善和发展中国特色社会主义制度，推进国家治理体系和治理能力现代化。”实现这一总目标，推进国家治理现代化的关键在于实行法治。法治是全世界各国都倚重的、民主的、公平的治理方式，它是相对于人治而言的，具有很强的规则性，是调整社会关系的重要手段，其本身以国家机器为后盾，具有很强的强制性，执行起来既有力度也有信服力，是规范社会关系和人们行为的准绳。建设中国特色社会主义法治体系，立法是重要环节，也就是制定规范，告诉人们哪些可以做、哪些不可以做，不但要了解，而且要遵守，这就是法治。核心要点是依律办事，依律行事。法律本身的规范性，不仅是准绳，而且规定了违反这些准则的法律后果，具有可预见性；一旦违反了这些规定，其后果是显而易见的。国家进入新时代，社会治理必然是依法而行的。

“法令行则国治，法令弛则国乱。”当前，我国全面建成小康社会进入决定性阶段，改革进入攻坚期和深水区，触及的深层次问题增多，国际形势复杂多变，我们党面对的改革发展稳定任务之重前所未有，矛盾风险挑战之多前所未有，人民群众对法治的要求越来越高，我们比以往任何时候都更加需要运用法治思维和法治方式开展工作、解决问题，依法治国在党和国家工作全局中的地位更加突出、作用更加重大①。随着社会经济的发展，当今社会关系的复杂程度超过以往任何时期，国际上面临着深刻的变局，我们党面临着前所未有的机遇和挑战，既要应对外来的压力，又面临着国家由于发展带来的矛盾，要实现中华民族伟大复兴的目标任重道远，迫切需要建设中国特色社会主义法治体系，迫切需要法治上提供有力保障。法治改革在整体改革中占据极为重要的地位，从某种程度上讲，关系到全局改革的成败。因此，法治越完善，改革越顺利；法治松弛，其他改革也无从谈起。经过改革开放几十年的发展，主要经济群体、经济相关方发生重大变化，既得利益集团也呈现新的特点，调节好各方面的关系难度也更大。此外，社会阶层出现固化现象，推动各阶层流动也需要法律来解决，人们法律意识和维权意识逐渐增强。随着互联网和各种自媒体的出现，各项工作的透明度越来越高，不公平、不公正现象会引发社会性事件，法治的作用

① 黄中平．把依法治国与以德治国紧密结合起来［N］．天津日报，2015-04-20.

越发突出。在一些落后地区，人们法治意识淡薄，受到不公正待遇时，许多人仍然对法律缺乏信任，往往不通过法律方式解决，过多地相信政府权力，各级上访、找关系、找门路，甚至花钱办事。究其根源，由多方面原因造成：一是人们传统的处理矛盾的方式仍占据一定地位；二是弱势群体对新时代政策和法治信任度不够，法治意识仍然落后；三是一些地区的行政部门或执法部门存在不作为的情况，“惰政”造成行政部门公信力不足。建设中国特色社会主义法治体系就是改善这些问题，积极推进社会依法治理，提高社会治理现代化水平，在全社会逐步形成相信法律、依法办事的良好氛围。

（二）德治是治国理政的重要手段

“国无德不兴，人无德不立。”社会生活的本质是实践的，人们的社会实践又总是在一定社会意识的支配下进行的。

纵观历史长河，社会的发展离不开人的作用，国家内部有序，除了好的治理模式之外，还需要社会成员思想道德素质高，价值观统一，人心同向。封建时期，虽然法治相对落后，但出现了不少盛世，除了经济发展水平较高外，德与礼的运用也较好。由此可见，加强思想道德建设是保持社会良好运行的重要手段，公序良俗是约束人们行为的好方法，人有了精神信仰和道德约束时，内心世界是充裕的，精神力量是强大的。道德的教化作用，从某种程度上讲，甚至高于法律约束，是一种主动为之的自我管理，具有非强制性，可以调整社会关系，维护社会稳定，有着法律不具备的独特优势。

我们党强调要坚持以德治国与依法治国相结合，并不意味着继承封建礼教，而是对德治具有积极意义方面的发展和创新，同时也是我们党自执政以来对正反两方面经验的总结。以德治国，明礼明信，作为中华民族的优秀传统，在国家治理过程中起过非常积极的作用，对国家发展和历史进程都产生了极为深远的影响，古代德治最大的问题，也是封建社会无法回避的问题，就是德治往往与人治相随相生。今天，无产阶级作为统治阶层，以德治国被赋予了新的含义，批判地继承了古代以德治国中的“德”，并以此为基础，与依法治国相辅相成，相得益彰。

新时代的以德治国，与传统意义上的以德治国有着本质的区别，封建时代是忠君思想指导下的治国方式，今天的以德治国是以社会主义核心价值观为基本支撑的治理模式，就是要大力弘扬社会主义核心价值观，强化实践导向，引导人们去遵守、去践行，为实现中华民族伟大复兴增强个人自觉。

五、坚持从中国实际出发

党的十八届四中全会确立了“建设中国特色社会主义法治体系，建设社会主义法治国家”的总目标，同时强调必须坚持从中国实际出发。国家治理体系的现代化必须符合我国历史发展规律、基于现实，能够适应全面建成小康社会、实现中华民族伟大复兴的中国梦的需要。因此，中国特色社会主义法治体系的建设过程，不能照搬西方的现成模式[①]。

建设中国特色社会主义法治体系，不是简单的法律堆砌，而是一个十分宏大的系统工程，要以科学的方式，理

---

① 孙昌卿．依法治国必须坚持从中国实际出发［N］．解放军日报，2014-12-28.

性分析当前经济社会发展现状，在结合中国司法现实和传统的基础上，从全局的视角来统筹规划。中国特色社会主义法治体系与国家道路相适应，中国是社会主义国家，走社会主义道路，我国的根本政治制度是坚持党的领导、人民当家作主、依法治国的有机统一；坚持人民代表大会制度，法治体系的建设也必须以根本政治制度为基础，这是我国的基本国情，也是区别于西方资本主义国家的显著特征。

中国特色社会主义法治体系，主要骨干部分包括法律的执行和政府的依法行政，要求各级行政机关要依法办事，不能脱离法治框架，厘清政府职能权限，在权力范围内行使行政权力，完善行政决策和执行制度，科学合理地界定自由裁量权，使之在合理范围内实施。维护司法公正，让人民群众感受到司法公平，守住守好法治的生命线，健全陪审员制度、听证制度和其他监督机制，保障人民群众的参与权和监督权，鼓励当事人事前调解，减少矛盾冲突和审判程序，当好“和事人”，积极营造团结和谐的社会氛围。

充分调动社会各类资源，鼓励各类社会主体开展自我管理，对全社会进行分类指导，分领域和群体采取不同办法，尊重地方风俗和社会习俗，行业协会、社会团体和其他群众组织积极协调自身体系或范围内事务，让社会组织在社会治理中的作用得到充分发挥。

打造一支忠于党、忠于国家、忠于人民、忠于法律的法律工作者队伍，全面提升法律工作者的自豪感和荣誉感，加大思想政治素质和业务能力培养，把讲政治放在第一位，让每一位法律工作者都能为社会主义法治体系建设贡献力量。

宪法是国家根本大法，是母法，也是国家治理的总章程，更是其他部门法制订的依据，是中国特色社会主义法治体系的核心和根基。西方国家的法治体系是资产阶级革命斗争和经济建设过程的总结，是适合其发展需要的体系，西方国家之间的法治体系也不相同，只有互相借鉴，没有完全照搬（包括美国与英国之间）。适合国情的才是最好的，中国走的社会主义道路是中国人民的选择，是历史的选择，在构建法治体系时，一定要从国家历史使命和现实需要出发，因地制宜，不能生搬硬套。任何一个国家的法治体系，在国家治理过程中都有其积极的作用，西方发达国家也不例外，学习西方，一定要有选择性。中国历史上曾经有过西学的经历，历史证明，这在中国是行不通的。

中国共产成立 100 年、新中国成立 70 多年，我们党经历了新民主主义革命时期、社会主义革命和建设时期、改革开放和社会主义现代化建设时期、中国特色社会主义新时代四个不同时期，积累了极为丰富的治国理政经验，特别是在依法治国方面，在摸索中前进，从人治向法治迈进。无论是武装斗争，还是经济改革，我们党都是依据国情开展的，具有鲜明的中国特色，改革开放是一个最好的例证。

构建中国特色社会主义法治体系，是新时代条件下依法治国的新要求，是更加民主的反映，也是我们不断增强文化自信、道路自信的反映，解决中国的实际问题，必然要坚持走中国特色社会主义法治道路。在这个过程中，总结自身法治经验，满足改革与经济发展的需要，使中国特色社会主义法治体系建设立足中国实际，彰显自身特色。

参考文献

[1] 江泽民．高举邓小平理论伟大旗帜，把建设有中国特色社会主义事业全面推向二十一世纪［A］//十五大以来重要文献选编（上）［M］．北京：人民出版社，1997.

[2] 莫纪宏．论中国特色社会主义法律体系、法治体系与制度体系的有机统一［J］．法学杂志，2020（5）：17-18.

[3] 廖奕．中国特色社会主义法治体系的话语生成与思想内涵［J］．苏州大学学报（哲学社会科学版），2021，42（2）：39.

[4] 付子堂．建设中国特色社会主义法治体系是推进全面依法治国的总抓手［N］．法治日报，2021-01-13.

[5] 付子堂．建设中国特色社会主义法治体系是推进全面依法治国的总抓手［N］．法治日报，2021-01-13.

[6] 孟子．孟子（卷七．离娄上）［M］．南昌：江西人民出版社，2017.

［7］《中共中央关于全面推进依法治国重大问题的决定》，2014 年 10 月 23 日中国共产党第十八届中央委员会第四次全体会议通过。

［8］刘美林．市场经济法律概论（第二版）［M］．北京：科学技术文献出版社，2009.

［9］李适时．形成完备的法律规范体系［J］．求是，2015（2）.

［10］叶立周．法律的生命力在于实施［N］．河北日报，2014-12-17.

［11］徐安．促进形成严密的法治监督体系［N］．检察日报，2014-11-03.

［12］付子堂．形成有力的法治保障体系［J］．求是，2015（8）：51-53.

［13］《中国共产党党内法规制定条例》，2013 年 5 月 27 日对外公开发布。

［14］石荣广．全面从严治党的理论逻辑与科学实践［J］.齐鲁周刊，2021（4）.

［15］廉丹，黄鑫．推进国家治理体系和治理能力现代化［N］．经济日报，2018-03-22.

[16] 李龙教授是武汉大学资深教授，是著名马克思主义法学家、法学教育家、中国特色社会主义法治理论和新中国法理学的重要奠基人。

[17] 李龙. 中国特色社会主义法治体系的理论基础、指导思想和基本构成 [J]. 中国法学，2015 (5)：14-28.

[18] 邹瑜. 法学大辞典 [M]. 北京：中国政法大学出版社，1991.

[19] 中共中央马克思恩格斯列宁斯大林著作编译局. 马克思恩格斯选集（第2卷）[M]. 北京：人民出版社，2012.

[20] 中共中央马克思恩格斯列宁斯大林著作编译局. 列宁选集1-4卷（第三版修订版）（第3卷）[M]. 北京：人民出版社，2012.

[21] 廖奕. 论资本主义法治理念 [J]. 科学社会主义，2009 (3)：146-151.

[22] 李龙，刘玄龙. 马克思主义法学中国化的百年历史回顾与时代展望 [J]. 社会科学战线，2021 (3)：25-37.

[23] 祝捷. 马克思主义法学在改革开放中创新发展 [N]. 人民日报，2018-07-02.

[24] 江必新. 以习近平法治思想为指导着力解决法治

中国建设中的重大问题［J］．行政法研究，2020（6）：4-7.

［25］龚廷泰．列宁法律思想的基本特征及其时代意义［J］.法制现代化研究（第七卷），2001：87-100.

［26］列宁．列宁全集（第三十三卷）［M］．中共中央马克思恩格斯列宁斯大林著作编译局，编译．北京：人民出版社，2014.

［27］列宁．列宁全集（第2版，第40卷）［M］．中共中央马克思恩格斯列宁斯大林著作编译局，编译．北京：人民出版社，2017：276.

［28］列宁．列宁全集（第2版，第42卷）［M］．中共中央马克思恩格斯列宁斯大林著作编译局，编译．北京：人民出版社，2017：196.

［29］杨永龙．马克思主义法律思想中国化研究［D］．齐齐哈尔：齐齐哈尔大学，2015.

［30］唐振南．以民为本，取信于民——《〈商鞅徙木立信论〉初显毛泽东法治意识》［J］．湘潮（上半月），2015（1）：37-38.

［31］1957年1月27日，毛泽东在省市自治区党委书记会议上的讲话时提到的观点。

［32］卢丽梅．马克思主义法律思想中国化的第二次创新——论邓小平法律思想［D］．贵阳：贵州师范大学，2016.

［33］卢丽梅．马克思主义法律思想中国化的第二次创新——论邓小平法律思想［D］．贵阳：贵州师范大学，2016.

［34］赵琳．论邓小平社会主义法制建设的根本原则［J］.济南职业学院学报，2013（2）：101-103.

［35］《中华人民共和国宪法》第一章第一条。

［36］邓小平．邓小平文选（第2版，第二卷）［M］．北京：人民出版社，1994：254.

［37］王竣铎．论邓小平法律思想的主要特征［J］．世纪桥，2016（2）：9-11.

［38］邓小平．邓小平文选（第三卷）［M］．北京：人民出版社，1994：379.

［39］邓小平．邓小平文选（第三卷）［M］．北京：人民出版社，1994：14.

［40］郑金山．江泽民法治思想研究［D］．重庆：西南大学，2008.

［41］张向前．依法治国概念的界定［J］．法学杂志，1997（11）：15-17.

［42］卢梭．论人类不平等的起源和基础［M］．吕卓，译．北京：九州出版社，2007.

［43］江泽民．江泽民文选（第一卷）［M］．北京：人民出版社，2006：512.

［44］《论语·为政》。

［45］刘卉．依法治国是实现中国梦的必然路径［N］．检察日报，2013-05-27.

［46］江泽民在中国共产党第十五次全国代表大会上的报告。

［47］段凡．胡锦涛法律思想初探（上篇）［J］．武汉理工大学学报（社会科学版），2009（1）：1.

［48］胡锦涛．坚定不移沿着中国特色社会主义道路前进　为全面建成小康社会而奋斗［M］．北京：人民出版社，2012.

［49］胡锦涛在省部级主要领导干部提高构建社会主义和谐社会能力专题研讨班开班式上发表重要讲话［EB/OL］．新浪网，https：//news. sina. com. cn/o/2005-02-20/102151493615. shtml。

［50］习近平．决胜全面建成小康社会　夺取新时代中

国特色社会主义伟大胜利——在中国共产党第十九次全国代表大会上的报告［N］. 经济日报，2017-10-18.

［51］习近平 . 论坚持全面依法治国［M］. 北京：中央文献出版社，2020.

［52］蒋传光 . 习近平法治思想的核心内容［J］. 学习与探索，2021（1）.

［53］张文显 . 习近平法治思想的理论体系［J］. 法制与社会发展，2021（1）.

［54］黄文艺 . 习近平法治思想要义解析［J］. 法学论坛，2021（1）.

［55］黄文艺 . 习近平法治思想要义解析［J］. 法学论坛，2021（1）.

［56］江必新，黄明慧 . 习近平法治思想基本特征刍论［J］. 中南大学学报（社会科学版），2021（1）.

［57］李涛 . 中华传统和谐文化思想当代价值研究［D］. 合肥：安徽农业大学，2020.

［58］李适时 . 坚持党的领导，推进中国特色社会主义法律体系不断走向完善［J］. 中国人大，2011（6）.

［59］莫纪宏 . 明确社会主义法治体系的结构与内

涵［J］.学习时报，2014（10）.

［60］魏治勋．从法律体系到法治体系——论党的十八大对中国特色社会主义法治体系的基本建构［J］. 北京行政学院学报，2013（1）.

［61］王平，顾伟．依法治国：社会主义法治的核心内容［J］. 社会纵横，2009（4）.

［62］黄中平．把依法治国与以德治国紧密结合起来［N］. 天津日报，2015-04-20.

［63］孙昌卿．依法治国必须坚持从中国实际出发［N］. 解放军日报，2014-12-28.